미래에서 만나요!
채사장

2024. 3.

채사장의 지대넓얕

09 세계의 탄생

글 채사장

책읽기를 좋아하는 평범한 사람이었던 채사장 작가님은 사람들과 지식을 나누는 대화를 하는 게 가장 재미있었어요. 이런 재미와 기쁨을 전하기 위해 2014년에 쓴 책 《지적 대화를 위한 넓고 얕은 지식》이 밀리언셀러에 오르며 인문학 도서 신기록을 달성했어요. 이후에도 다양한 책을 써서 독자들과 소통하고 있고, 강연을 통해 많은 사람들과 지식의 즐거움을 나누고 있습니다.

글 마케마케

오랫동안 그림책 작가와 어린이 책 편집자로 일하며 재미있는 이야기의 힘을 믿어 왔어요. 채사장님의 《지적 대화를 위한 넓고 얕은 지식》을 독자로 접하고 인문학이 삶을 바꿀 수 있다는 것을 실감하고는 어린이들에게 쉽게 전달하기 위해 알파의 이야기를 만들었어요. 매일 알파, 마스터와 함께 즐거운 지식 여행을 떠나고 있답니다.

그림 정용환

홍익대학교 산업디자인학과를 졸업하고 다양한 책과 매체에 일러스트 작업을 하였어요. 〈복제인간 윤봉구〉 시리즈, 《로봇 일레븐》, 《유튜브 스타 금은동》 등 다양한 어린이 책의 그림을 그렸으며 《슈퍼독 개꾸쟁》을 쓰고 그려서 제1회 '이 동화가 재미있다' 대상을 받기도 했지요. 어린이들이 교양을 익히고 더 나은 삶을 꿈꿀 수 있도록 이 이야기에 아름다운 그림과 색채를 입혀 주었답니다.

채사장의 지대넓얕 9
(지적 대화를 위한 넓고 얕은 지식)

초판 1쇄 발행 2024년 3월 20일
초판 2쇄 발행 2024년 11월 11일

지은이 채사장, 마케마케
그린이 정용환
펴낸이 권미경
마케팅 심지훈, 강소연, 김재이
디자인 양X호랭 DESIGN

펴낸곳 ㈜돌핀북
등록 2021년 8월 30일 제2021-000179호
주소 서울시 마포구 토정로 47, 701
전화 02-322-7187 팩스 02-337-8187
메일 sky@dolphinbook.co.kr

ⓒ채사장, 마케마케, 정용환, 2024
ISBN 979-11-93487-01-3 74900
　　　979-11-975784-0-3 (세트)

이 책을 무단 복사·전재하는 것은 저작권법에 위반됩니다.
잘못 만들어진 책은 구입하신 서점에서 교환해드립니다.

채사장의 지대넓얕

지적 대화를 위한 넓고 얕은 지식

09 세계의 탄생

글 채사장, 마케마케
그림 정용환

과학이라는 진리에 초대합니다

안녕하세요? 채사장입니다.

저는 대중들에게 인문학 강의를 하며, 책을 쓰고 있어요.

제가 난생 처음 쓴 책이 《지적 대화를 위한 넓고 얕은 지식》입니다. 바로 지금 여러분이 읽고 있는 이 책의 성인판, 여러분의 부모님도 선생님도 읽었을 책이지요. 첫 책인데도 아주 많은 사람들에게 큰 사랑을 받았습니다.

그런데 이 책은 사실, 어른이 되기 전에 읽어야 하는 내용이에요. 조금이라도 더 어릴 때 알면 좋은 내용! 그래서 어른이 아니어도 잘 읽을 수 있도록 이렇게 쉽고 재미있는 책으로 만들었습니다.

왜 저는 《지적 대화를 위한 넓고 얕은 지식》과 같은 인문학 책을 썼을까요?

대답을 위해 저의 어린 시절로 거슬러 올라가 보겠습니다. 저는 책을 읽지 않는 어린이였어요. 학교에서는 맨 뒤에 앉아 엎드려 잠만 자는 아이였지요. 세상과 사람에 대해서 통 관심이 없었어요. 그렇게 어영부영 고등학생이 된 어느 날, 너무 심심한 나머지 처음으로 책 한 권을 읽었습니다. 그 책은 소설 《죄와 벌》이었는데, 책을 읽고 저는 충격을 받았어요. 제 주변의 세계가 확 다르게 보였죠. 그때부터 저는 닥치는 대로 책을 읽기 시작했어요. 세계가 너무도 신기했고, 인간이 참으로 신비했죠.

하지만 성인이 될수록 세계를 더 잘 이해하기는커녕 도무지 이해할 수 없었어요. 왜 어떤 사람은 부자이고 어떤 사람은 가난할까? 왜 어떤 인간들은 약한 자들 위에 올라서고, 전쟁을 일으키는 걸까? 궁금했어요.

역사를 잘 살펴보니 그 답이 있었습니다. 오늘날 왜 경제에 의해서 세계가 좌지우지되는지 원인과 흐름을 이해할 수 있었죠. 인문학은 이렇게 세계를 보는 눈을 뜨게 해 줍니다.

그동안 우리는 이 책의 1권부터 8권까지의 이야기를 통해 '현실 세계'를 이루는 역사, 경제, 정치, 사회, 윤리의 다섯 가지 영역을 공부해 보았어요. 지금부터는 현실 너머의 영역을 살펴보려고 해요.

우리 인류는 절대적이고 보편적이며 불변하는 진리를 찾기 위해 끝없는 탐험을 이어왔어요. 그중에서도 과학은 현대인에게 사랑과 신뢰를 받고 있는 진리의 후보예요. 이제부터 우리는 과학이 어떤 역사를 통해 지금의 모습을 갖게 되었는지, 그 과정에서 발견되고 알려진 우주는 어떻게 이루어져 있는지, 어지러울 정도로 큰 공간과 먼 시간을 되짚어 보려고 해요.

이 책을 다 읽을 때쯤이면 세계가 무엇인지 큰 그림을 그릴 수 있게 될 거예요. 책에는 낯설고 어려운 용어가 나올 수도 있어요. 하지만 그렇다고 주저하거나 머뭇거릴 필요는 없어요. 세계에 대한 큰 그림을 그리겠다는 가벼운 마음으로 편안하게 우주여행을 떠나면 되니까요. 우주가 아무리 크다고 해도, 여러분이 있어야 그 의미를 갖게 될 거예요.

자, 그럼 저와 함께 과학의 세계로 떠나 볼까요?

2024년 봄에, 채사장

차례

프롤로그 잃어버린 것 · 11

1 우리 우주와 다른 우주
다른 우주가 있다 ——— 21

- 채사장의 핵심 노트 다중 우주란 무엇일까? ——— 46
- 마스터의 보고서 우리 우주의 크기 ——— 47
- Break time 상상 속 다중 우주 ——— 48

2 우주의 시작
차원을 연구하는 이 ——— 49

- 채사장의 핵심 노트 빅뱅 이후의 역사 ——— 78
- 마스터의 보고서 빅뱅 이론의 증명 ——— 79
- Break time 빅뱅 연대기 ——— 80

3 지구의 탄생
지구 플러스 알파 ——— 81

- 채사장의 핵심 노트 지질 시대 ——— 102
- 마스터의 보고서 생명의 탄생 ——— 103
- Break time 캄브리아기 대폭발 ——— 104

4 진화의 시작
걷는 물고기 105
- 채사장의 핵심 노트 진화와 오해 128
- 마스터의 보고서 진화의 증거, 딸꾹질 129
- Break time 인류의 진화 130

5 지구 대멸종
인간을 기다리며 131
- 채사장의 핵심 노트 다섯 번째 대멸종 154
- 마스터의 보고서 여섯 번째 대멸종 155
- Break time 가로세로 낱말풀이 156

(에필로그) 우리는 언젠가 만난다 · 157

최종 정리 162

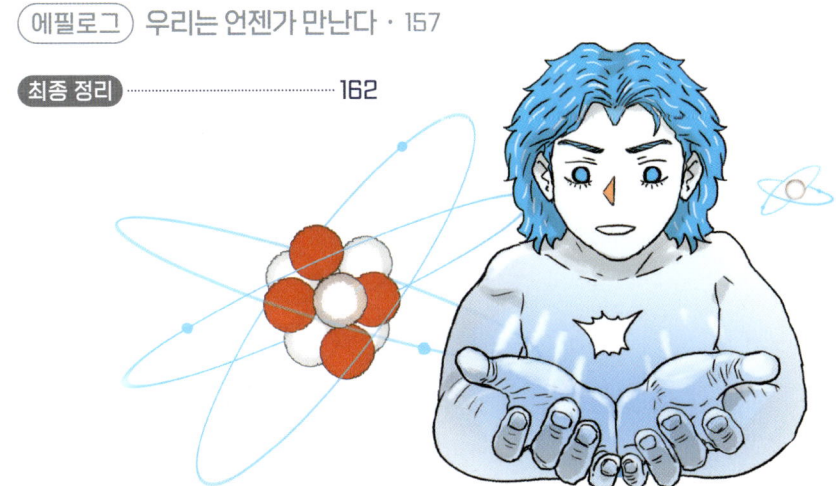

등장인물

채

지식카페를 운영하는 카페 사장님.
가상 세계로 통하는 문을 이용해
지식 탐구의 경험을 사람들에게 전달해 왔다.
그런데 갑작스런 통로의 이상으로 현실과
가상의 경계가 허물어지더니 급기야 지식카페와
채에게도 이상 징후가 생겼다. 알 수 없는 이유로
온몸이 마비된 채는 인생의 한순간 중요하고
소중했던 기억을 잃게 된다. 모든 것이 제자리로
돌아온 후에도 채는 허무함을 느낀다.
아무 기억도 없지만 무언가를 잃어버렸다는
느낌만은 강력하게 남아 있는 채.
그는 잃어버린 것을 찾기 위해
길을 떠나기로 마음먹는다.

알파

인간의 진화를 돕기 위해 인간의 곁에서
인간처럼 살아온 쪼렙신. 중등 레벨의 신으로
승격되었지만 새로운 역할을 거부한 채
계속 현실 세계에 머무르고 싶어 한다.
그러나 현실 세계와 가상 세계를 연결하는
통로에 문제가 생기고, 유일한 인간 친구였던
채까지 위험해지자, 세계의 비밀을
찾기 위해 떠나기로 결심한다.
누구보다 인간과 지구를 사랑했던 알파는
평행 우주에서 지구와 같은 행성을 창조하고
인간의 진화를 기다리지만 진화의 과정은
생각처럼 쉽게 이뤄지지 않는데……

리사

어느 날 갑자기 채의 카페를
찾아온 엉뚱한 과학자.
차원을 연구하는 그녀는
다른 차원으로 통하는
연결고리가 존재한다고 믿고,
그것을 찾기 위해 돌아다닌다.
채의 지식카페에서 차원이
뒤틀리는 신호를 감지하고
무작정 찾아왔지만
잡상인으로 의심을 받는다.

피노

리사 박사가 만든 인공지능 로봇.
언뜻 보면 어린 남자아이 같다.
머리 위 안테나는 다른 차원으로부터의
신호를 감지하는 기계다.
쌀쌀맞고 퉁명스러운 리사 박사와는 달리
지나치게 친절하고 애교가 많은 성격.

마스터

알파의 오래된 친구이자
조금 더 등급이 높은 상위 신.
언제나 알파 곁에서 신의 역할을
잘 할 수 있도록 도와준다.
그러나 알파가 인간 세계를 떠나
사건의 지평선 너머로
몸을 던진 후부터는 오랫동안
모습을 볼 수 없게 되었다.

이 책을 읽는 방법

이 책은 어른들을 위해 처음 만든 《지적 대화를 위한 넓고 얕은 지식》을 어린이들도 볼 수 있게 만든 책이에요. 많은 지식들을 하나의 흐름으로 정리해 주는 책이죠. 여러분만의 특별한 독서법을 통해 이야기 속에 숨어 있는 지식과 그 지식을 꿰뚫는 통찰을 발견하면 좋겠어요.

Step 1 이야기에 집중하기

처음 읽을 땐 일단 순서대로 이야기를 따라가는 데 집중해 보세요. 이야기 속 주인공은 백억 년이 넘는 어마어마한 시간을 아주 빠른 속도로 경험하고 있어요. 주인공의 생각과 심리를 잘 살펴보고 "왜 그랬을까?", "이럴 때 어떤 마음이 들었을까?" 같은 질문을 던져도 좋아요. 어려운 단어나 모르는 내용이 나오면 멈춰서 찾아봐도 되지만 일단은 계속 독서를 진행해도 괜찮답니다.

Step 2 핵심 단어와 흐름 찾기

총 5화에서 펼쳐지는 이야기들은 우주의 시작과 지구 생명체의 진화와 관련된 주요 개념을 다루고 있어요. 각각의 에피소드에서 드러나는 상황은 허구처럼 보이지만 과학적으로 탐구하고 있는 이론이기도 해요. 이 기초 지식을 통해 나와 주변을 이루는 세계를 이해할 수 있을 거예요. 반복적으로 등장하는 개념이나 이론이 익숙해질 수 있도록 정보 페이지를 활용하는 것도 좋은 방법이에요.

Step 3 지적 대화 나누기

"아주 먼 옛날에는 어떤 일이 있었을까?"
"과학자들은 어떤 과정을 통해 수십억 년 전의 일을 알게 되었을까?"
"종교와 과학의 가르침에 다른 지점은 무엇일까?"
"지금 내가 사실이라고 배운 지식도 언젠가는 바뀔 수 있을까?"
책을 읽다 보면 여러 가지 의문점이 생길 거예요. 그리고 여러 번 꼼꼼하게 읽거나 다른 자료를 찾아보면 어느 정도 의문점이 해소될 수도 있을 거고요. 이렇게 내가 궁금했던 것, 발견한 내용에 대해 친구들이나 부모님과 이야기해 보세요. 토론을 통해 책을 읽은 것보다 더 큰 기쁨과 지혜를 만날 수 있을 거예요. 책의 마지막 장을 덮은 후에도 우리의 이야기는 계속 이어질 테니까요.

잃어버린 것

여기, 쪼렙신에서 중등 레벨 신으로 간신히 승격된 사나이가 있었어. 그는 인간의 진화를 관찰하기 위해 지구에 살며 인간 친구도 만나고 가상 세계 모험도 했지.
　인간의 곁에서 인간처럼 살다 보니 어느덧 인간의 마음을 갖게 되었지만 그게 문제가 되리라고는 생각하지 못했어. 하지만 그가 머무는 세계가 틀어지고, 친구의 카페가 갑자기 물바다로 변해 가는 걸 보니 아차 싶었던 거야.
　그래, 알파라는 이름의 신은 무언가 단단히 잘못되었다는 걸 깨달았어.

닦아도, 닦아도, 물은 어디선가 새어 나왔고,

카페를 흔드는 진동은 점차 커져 갔어.

알파는 채에게 다가가 손을 뻗었어. 채가 무언가 말을 해 주길 바랐지만 침착하고 지혜로웠던 친구는 그에게 시선을 돌릴 수 없었어. 알파는 채를 향해 손을 뻗은 채 흐느꼈어. 마스터는 답답한 마음에 다시 한번 그를 불러 보았지.

"알파? 알파!"

하지만 신이 인간과 언제까지 함께 있을 수 있겠어. 알파도 지금이 떠나야 할 때라는 것을 알았을 거야. 알파는 소매로 눈물을 슥슥 훔치더니 언제 울었냐는 듯 애써 싱긋 웃었어. 동상처럼 굳어 있는 친구를 툭툭 치더니 마지막 인사를 건넸지.

"안녕, 인간! 우리 언젠가 꼭 다시 만나자고!"

그리고 알파는 뒤뜰로 연결된 문으로 향했어.

'덜컥, 덜컥.'

문짝이 틀어졌는지 잘 열리지도 않아 억지로 힘을 써야 할 정도였어.

"터엉!"

얼마나 시간이 흘렀을까……. 창을 통해 카페의 안쪽까지 따뜻한 오후의 햇살이 들어왔고 채는 잠에서 깨어나듯 천천히 의식을 되찾았어. 무슨 일이 있었던 걸까. 그는 어리둥절한 얼굴로 카페 안을 두리번거렸어.

테이블과 의자는 넘어져 있었고, 다른 집기들도 바닥에 떨어져 그야말로 엉망진창이었지. 하지만 물기는 한 방울도 남아 있지 않았어. 채는 다급한 마음으로 무언가를 찾아다녔어. 허둥지둥 주방과 홀을 왔다갔다했지만 정신이 멍할 뿐, 자신이 무엇을 찾고 있는지조차 기억나지 않았지.

"아, 혹시?"

채는 이상한 끌림에 뒤뜰과 연결된 문 앞으로 다가갔어. 손잡이를 당기자 문은 어딘가 고장이 났는지 끼익 소리를 내며 힘겹게 열렸어. 하지만 문 저편에는 아무것도 없었어.

조용한 뒤뜰에서는 그저 한낮의 새 소리만 들릴 뿐이었지.

1 우리 우주와 다중 우주

다른 우주가 있다

알파는 마치 진공청소기 속으로 흡입되듯, 빠르게 블랙홀 저편으로 빨려 들어갔다. 그 사이 알파의 육신은 잘게 부서지고 쪼개졌다. 처음엔 종이처럼 조각조각 찢어지더니, 그 다음엔 먼지처럼 부스러졌고, 나중엔 보이지도 않는 작은 형태로 으깨져 결국 원자 형태로 남았다.

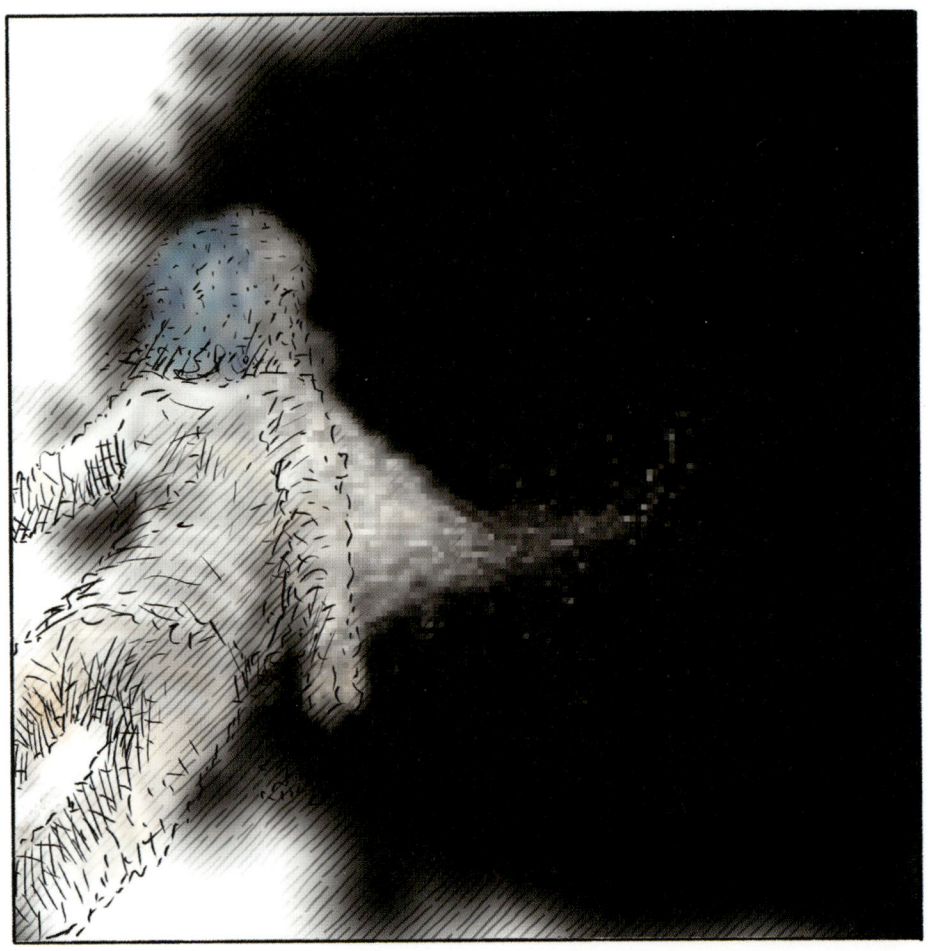

알파는 영영 사라져 버린 걸까? 그렇지 않았다. 알파의 몸은 보이지 않았지만 그의 의식은 물질이 아닌 다른 형태로 존재했으니 말이다.

알파의 생각과 마음은 검은 우주에 수증기처럼 퍼졌다가 구름이 되듯 다시 모였다.

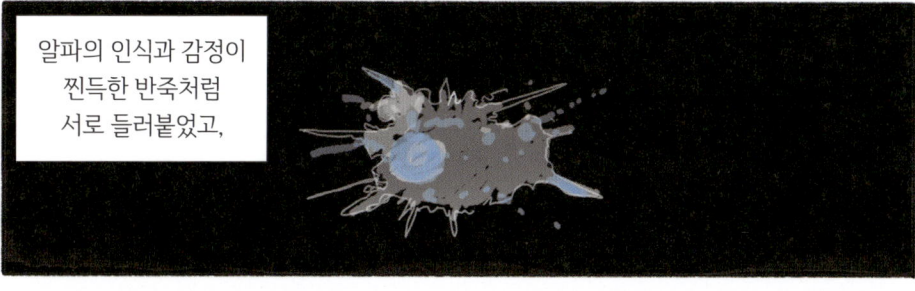

알파의 인식과 감정이 찐득한 반죽처럼 서로 들러붙었고,

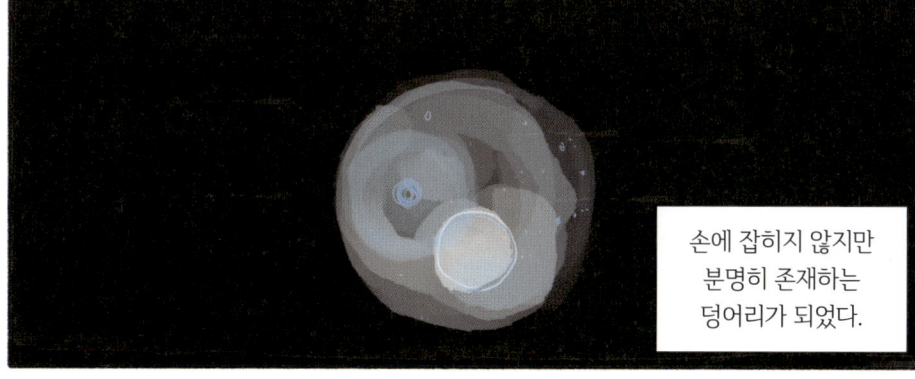

손에 잡히지 않지만 분명히 존재하는 덩어리가 되었다.

"누구지?"

다정하게 부르고 있었지만 마스터의 목소리는 아니었다. 채의 목소리는 더더욱 아니었다. 다른 사람의 목소리처럼 느껴지지 않았고 마치 자기 내면에서 외치는 울림 같았다.

대체 누가 나를 부르는 것일까? 또 다른 나일까? 아니면 더 높은 상위 신의 부르심일까? 알파가 고민하는 사이에 그 목소리는 분명하게 묻고 있었다.

"그, 그럼. 알고 있지."

알파는 얼떨결에 대답했다. 거짓말은 아니었다. 대답과 동시에 언젠가 채와 마스터와 함께했던 햇살 좋은 날이 떠올랐으니까.

그들은 어느 공원에서 한가로운 시간을 보내고 있었다. 알파는 돗자리 위에 앉아 인간들을 관찰하고 있었다. 채가 싸 온 과일들을 먹어 가면서.

채가 웃으며 말하더니 간식으로 담아 온 귤과 체리 하나를 들고 자리에서 일어났다.

채는 광장에 귤 하나를 내려놓았다. 그리고 스무 걸음 정도를 더 걸어가더니 작은 모래알 한 톨을 두었다.

"이 귤이 태양이면 모래알이 바로 지구예요."

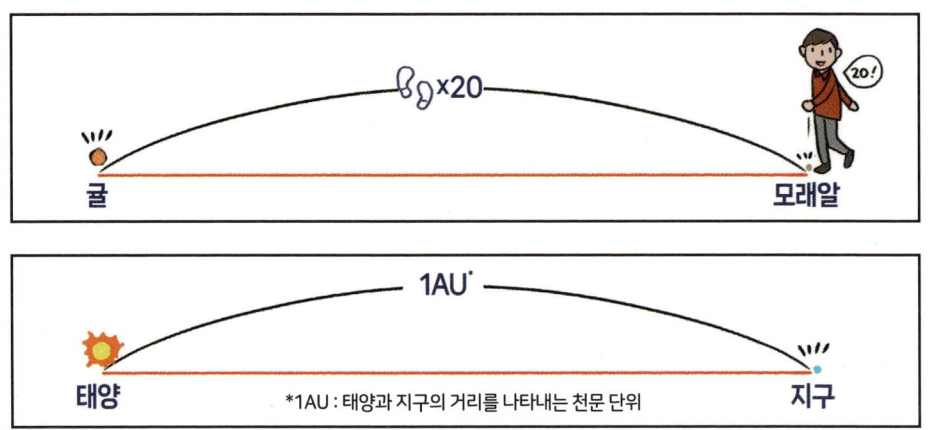

말을 마친 채는 냅다 광장을 벗어나 멀리 떨어진 잔디밭으로 달려갔다. 약 80미터 정도 갔을까? 그곳에 입안에서 뱉어 낸 체리 씨를 살짝 놓아두었다.

사진이나 그림으로 보았던 태양계 이미지로는 감히 상상할 수도 없는 거리였다. 이번에는 마스터가 킥킥대며 말을 이었다.

"뭘 그리 놀라나. 이제 겨우 태양계일 뿐인데. 이 태양계는 우리은하에 존재하는 수많은 항성 중에 하나일 뿐이야."

"으아악, 정말 머리가 어질어질한데?"

알파는 실제로도 어지러워서 잠시 휘청할 지경이었다. 채가 부축해 주며 말을 이었다.

"우리은하의 크기만 생각해도 엄청나죠? 그런데 우리은하는 수천 개의 은하들이 모인 은하단의 구성원이에요."

"그, 그렇지, 참……."

"그리고 은하단은 다시 100여 개가 모여서 초은하단을 이루죠. 초은하단은 빈대떡 모양으로, 지름이 약 1억 5천만 광년이고, 두께는 약 1천만 광년에 이른다고 해요."

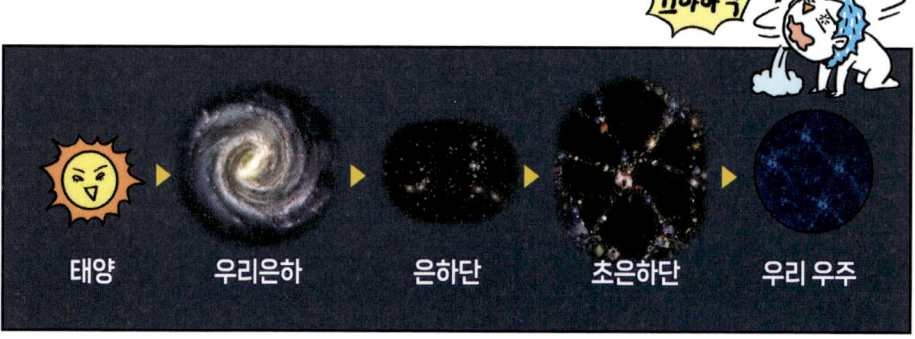

"초, 초은하단이 인류가 찾아낸 가장 거대한 구조물 맞지?"

알파는 거의 애원하듯 물었다.

"글쎄요, 아직 밝혀지지 않았을 뿐 초은하단 역시 더 거대한 구조 속에 작은 구성 요소일지도 모르죠. 인류가 제대로 관측한 우주의 범위는 실제 우주의 10만 분의 1도 안 되니까요."

놀라서 고개를 절레절레 흔드는 알파를 보며 환하게 웃던 채와 킥킥대던 마스터. 멀리서 공원의 아이들이 뛰어노는 소리, 1억 5천만 킬로미터 떨어진 태양으로부터 8분을 달려 도달한 한 자락의 따스한 빛. 그 눈부심과 온도가 여전히 뺨에 닿은 것처럼 생생하게 느껴졌다.

그런데 지금, 알파는 공포스러울 정도로 거대하고 텅 빈 우주에 혼자 떠 있을 뿐이었다. 그리움과 두려움에 눈물이 날 것 같았지만 육신의 형태가 없기에 알파는 눈물조차 흘릴 수 없었다.

그때 알파를 부르던 목소리는 조금씩 모습을 드러냈다. 놀랍게도 그 모습은 어린 알파의 모습이었다.

"오~, 잘 알고 있네. 우주가 얼마나 큰지 감히 상상도 못하는 주제에 인간은 너무 쉽게 우주를 말하지."

누구일까? 알파가 그토록 되고 싶었던 상위 신일까? 지구를 만들어 준 이, 이 우주의 행성들을 만들어낸 신?

그는 정말 아이처럼 비눗방울을 후우 불었다.

어린아이 모습을 한 신은 엄청 실망했다는 듯 짜증스러운 표정을 짓더니 이내 아름다운 여인의 모습으로 바뀌었다.

"후유, 신이나 돼서 그런 것도 모르고 있다니, 안타깝군."

그러더니 선심이라도 쓴다는 듯 말을 이었다.

"그래도 '멀티버스'란 말은 들어봤겠지?"

알파는 고개를 끄덕였다. 영화나 드라마에서 종종 등장하는 소재였다. 차원을 통해 다른 우주를 찾기도 하고, 다른 시공간에서 다른 모습으로 사는 나를 만나기도 하는 이야기 말이다.

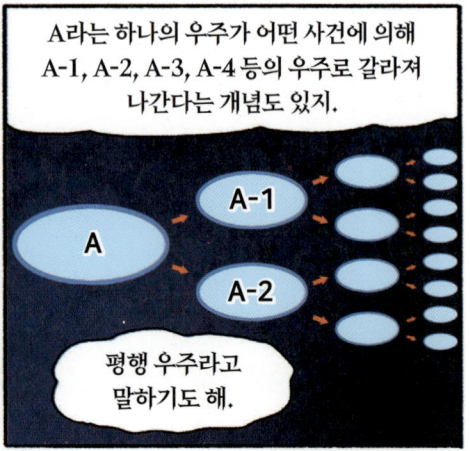
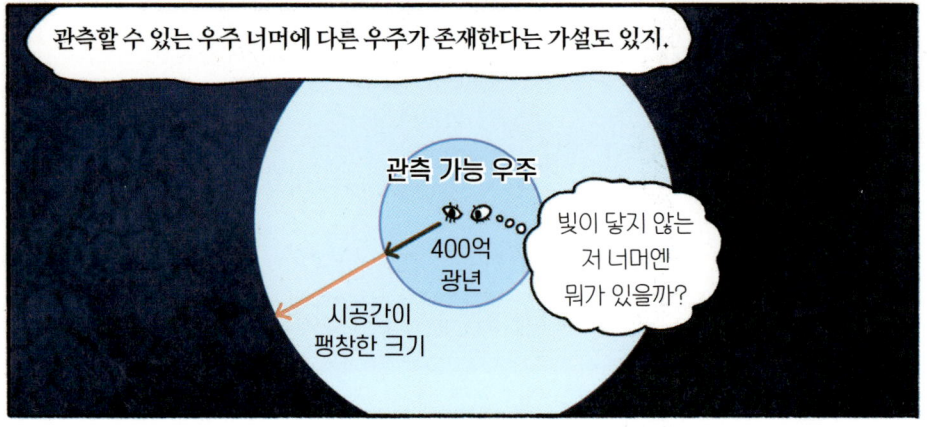

　한 번에 모든 걸 이해하긴 어려웠지만 알파도 조금은 알 것 같았다. 인간은 세상의 모든 비밀을 밝혀낸 것처럼 행동하지만, 인간이 관측할 수 있는 우주는 아주 일부분이다. 인간은 빛으로 정보를 받아들이는 존재고 우주는 팽창하고 있다. 어떤 지역은 빛보다 빠르게 팽창한다. 그 속도를 따라갈 수 없다면, 인간은 빛이 닿지 않는 우주에 대해서 영원히 알지 못하리라.

상위 신의 형체는 기체처럼 흩어지더니 코끼리의 모습으로 바뀌었다. 푸른 코끼리는 빨대를 코로 가져가 후우 불었다. 빨대 끝에서 여러 개의 비눗방울이 퍼져 나갔다. 어떤 것은 서로 달라붙기도 했고, 어떤 것들은 금세 터지기도 했다.

이렇게 새로운 팽창으로 무한대의 우주가 생긴다는 가설도 있어. 마치 세제를 가득 담은 통에 바람을 불면 보글보글 거품이 생기는 것처럼 말이야.

"각각의 거품은 서로 만날 수도 없고, 볼 수도 없지. 너무 멀리, 무한 만큼 떨어져 있어서 영원히 가까워질 수 없어."

신은 다시 후우 하고 비눗방울을 불었다.

"각각의 우주는 서로 다른 물리법칙을 가졌을지도 몰라. 우리에게 익숙한 원소나 질량, 에너지, 탄소 기반의 생명체 같은 개념이 아닌 완전 다른 무언가가 존재할지도 모르지."

어느새 나무의 모습으로 바뀐 상위 신은 잎사귀를 흔들었다.

"모든 경우의 수만큼 우주가 존재한다는 가설, 수학이 곧 우주고, 우주는 시뮬레이션이라는 가설도 존재해."

"그, 그만."

알파는 구역질이 날 것만 같았다. 거대한 공간 속에 점처럼 남겨진 자신이 보잘 것 없이 느껴졌다. 정말 나는 아무것도 아니구나. 나 같은 게 왜 존재했을까.

이제 나무는 온데간데없고, 어느새 작은 돌덩어리가 둥둥 떠 있었다. 또 다른 모습의 상위 신인 것일까?

"에휴, 우주가 이렇게 거대한데 그 안에 사는 인간들은 어찌나 교만한지. 한때는 그들이 태양계의 중심이라고 믿었어. 하지만 지구는 태양계의 중심도 아니고, 우주의 중심도 아니지."

그가 고소하다는 듯 까르르 웃자 알파는 가슴이 욱신거렸다.

상위 신은 알파의 얼굴로 바뀌었다. 마치 거울을 보는 것 같았다. 그는 다시 한번 빨대를 입 앞으로 가져가더니 후우 크게 숨을 불어넣었다. 비누거품 속에 새로운 우주가 만들어졌다.

신은 기분 좋다는 듯 싱긋 웃으며 알파 곁으로 다가왔다. 그는 알파에게 다정하게 속삭이고 있었다.
"그러니 알파, 하찮은 행성에 집착하지 마."

주어진 행성을 관리하고, 별과 행성을 만들고, 일정한 수치로 움직이는 우주 질서를 관리하고……. 차근차근 역할을 수행하다 보면 언젠가 더 높은 단계의 신으로 승격되고, 더 중요한 역할을 할 수 있을 것이다. 하지만 왜 그래야 하지? 어떤 우주엔 인간이 존재하지 않을 수도 있는데.

"너도 알잖아. 인간은 아무것도 아니야. 그들은 있어도 그만 없어도 그만인 별 볼일 없는 존재라고."

알파는 정신이 번쩍 들었다.

"인간이……, 별 볼일 없는 존재……?"

알파는 그동안 지구에서 만났던 수많은 인간들을 떠올렸다. 권력을 탐하기 전 순수했던 오메가, 원시 시대에 서로를 도와주던 마을 사람들, 염색에 쓰이는 모든 꽃의 이름을 외우던 고대 시대의 노예 소녀, 전쟁 속에서도 웃던 청년들, 경제 공황 중에도 아이에게만은 밥을 먹이던 부모들, 죽음의 수용소에서 희망을 잃지 않았던 유대인들, 전쟁을 끝내기 위해 괴로운 선택을 해야 했던 과학자들, 그의 카페에서 행복하게 이야기를 나누던 손님들, 부지런하게 일하던 직원들, 무서운 속도로 성장하던 비타, 그리고……, 지구에 두고 온 그리운 친구, 채!

　그들은 별 볼일 없이 생겨났지만 특유의 영리함과 다정함으로 무섭게 진화했다. 사회를 만들고, 신을 믿고, 권력과 돈을 발명했으며, 사랑과 가치를 위해 목숨을 걸었다. 알파가 끔찍하게 사랑했고, 사무치게 그리워한 인간이라는 존재. 그들은 절대 아무것도 아닌 존재가 아니었다.

알파는 피식 웃었다.

"아니?! 인간은 그렇게 하찮은 존재가 아니야. 인간이 머릿속으로 우주를 상상하는 순간, 진짜 우주가 태어났다는 생각은 못해 봤어?"

상위 신이 소리쳤지만 알파는 힘껏 달아났다. 빛도 없는 어둠뿐인 공간, 그동안의 물리적 법칙이 통하지 않는 공간이었다. 과거나 현재, 미래와 같은 시간에 대한 정보조차 없기에 그는 자신이 얼마나 빠르게 이동하고 있는지, 상대로부터 얼마나 멀어졌는지 느낄 수도 없었다. 얼마나 오랜 시간 달렸는지도 느껴지지 않았다. 그저 지겹게 달라붙는 목소리를 들었을 뿐이었다. 그 목소리가 상위 신의 목소리인지, 아니면 자신 내면의 목소리인지 구분하지 못한 채로.

알파는 목소리를 비웃기라도 하듯 빨대를 입에 가져갔다. 상위 신이 하던 것처럼 후우 숨을 불어넣자 새로운 우주가 생겼다. 목소리는 계속 외치고 있었다.

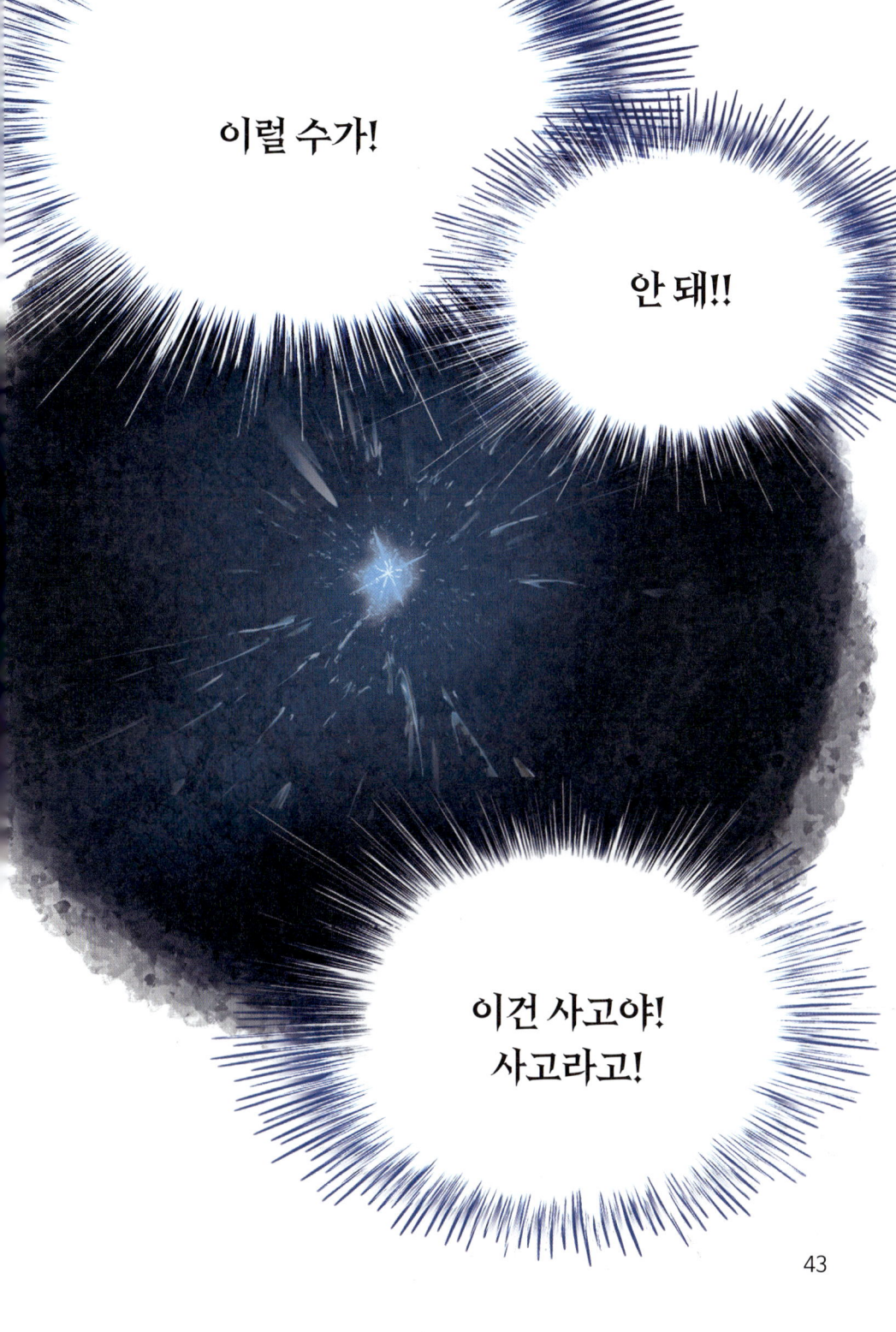

한편, 채는 그 자세 그대로 한참을 서 있었다. 흘러내렸던 눈물은 어느덧 바람에 말라 버렸다. 그때 카페 밖에서 똑똑 문 두드리는 소리가 들렸다. 채는 어쩔 수 없이 현관으로 다가갔다.
"죄송합니다. 오늘은 영업을 안 해요."
하지만 문 밖의 손님은 대답이 없었다.

다중 우주란 무엇일까?

○ 유니버스와 멀티버스

다중 우주라는 말을 들어본 적 있나요? 우리 우주가 유일하고 독립적인 하나의 우주인 유니버스(Universe)가 아니라 다양한 가능성의 여러 우주인 멀티버스(Multiverse)로 존재한다는 우주관이에요. 시간적으로는 우주가 팽창과 수축을 무한히 반복하며 이어지고, 공간적으로는 특정 시간에 무수히 많은 우주가 동시에 존재한다고 생각해요.

○ 매체 속 다중 우주

다중 우주의 개념은 생각보다 우리에게 친숙해요. 영화나 드라마를 통해 비슷한 이미지를 쉽게 접할 수 있기 때문이지요. 차원을 통해 먼 우주로 나갔더니 그곳에 내가 미묘하게 다른 방식으로 살고 있었다는 식의 이야기 말이지요. 그런데 엄밀히 따지면 이런 소재는 다중 우주론이라기보다는 평행 우주론에 가까워요. 다중 우주론이 평행 우주론보다 더 큰 개념이라고 볼 수 있어요.

○ 다양한 다중 우주의 모델

과학자들이 생각했던 여러 모습의 다중 우주를 네 가지 모델로 분류할 수 있어요.

Level 1 지평선 너머의 영역

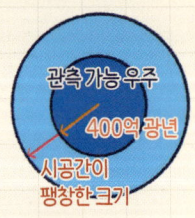

빅뱅 이후, 우주는 빠른 속도로 팽창했고 빛의 속도보다 빨리 커졌어요. 결국 빛이나 물질이 도달하지 못한 빈 공간이 존재할 거예요. 그곳이 바로 레벨 1의 우주예요.

Level 2 급팽창 이후의 다른 거품들

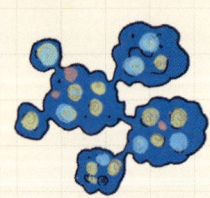

양자 요동은 물질과 에너지의 최소 단위인 양자가 요동치는 상태예요. 레벨1의 비어 있는 우주에도 양자 요동이 발생해 새로운 물질을 탄생시킬 거예요.

Level 3 양자 물리학의 많은 세계

양자역학의 유명한 사유 실험인 '슈뢰딩거의 고양이'에서 고양이는 삶과 죽음이 중첩된 상태로 존재해요. 미시적 세계처럼 우주도 다양한 가능성으로 존재할 수 있어요.

Level 4 다른 수학적 구조들

세계는 무한대 크기로 넘실대는 커튼처럼 초공간을 떠다니고 있고, 이 5차원의 커튼을 '브레인'이라고 해요. 브레인끼리 서로 충돌하며 빅뱅을 만들어요.

우리 우주의 크기

현재도 계속 팽창하고 있는 우주, 우주의 크기를 정확히 아는 사람은 아무도 없다. 태양계의 크기만 해도 우리 상상을 넘어선다. 태양과 지구 사이의 평균 거리인 1억 5천만 km를 천문거리 '1AU'라고 한다. 목성까지는 대략 5AU, 토성까지는 10AU, 해왕성은 대략 30AU, 즉 45억 5천만 km 정도나 떨어져 있다는 이야기다. 빛의 속도로는 250분이 걸리는 거리이며, 보이저 2호는 발사된 지 12년 후에야 해왕성에 도착했다고 한다.

이 크기만으로도 놀랍지만 태양은 우리은하에 속한 작은 별일 뿐이다. 은하 하나에 태양과 같은 항성은 1천만 개에서 100조 개 정도 모여 있다. 태양과 가장 가까운 항성은 몇 광년이나 떨어져 있으며 태양이 은하를 공전하는 데에는 2억 5천만 년 정도가 걸린다.

그러나 우리은하 역시 수천 개의 은하가 모인 은하단의 구성원이다. 은하단 100여 개가 모여 초은하단을 이루는데 과학자들은 이러한 초은하단이 우리 우주에 대략 1000만 개 정도가 있을 것이라고 추정한다. 이 광활한 우주에는 태양과 같은 항성이 바닷가의 모래알 수보다도 더 많다는 이야기다.

태양계 우리 태양계 대부분의 영역은 여전히 미지의 세계이다.

은하계 관측 가능한 우주에는 약 1천 7백억 개 이상의 은하들이 존재하는 것으로 추측된다.

우리가 상상하는 우주의 크기는 고작 '관측할 수 있는 우주'에만 해당한다. 인간이 볼 수 있는 우주의 크기는 한정되어 있다. 우리는 빛보다 빠르게 무언가를 볼 수는 없기에, 우주가 시작된 이후 빛이 이동해 온 거리까지만 관측할 수 있다. 우주 안에는 아직 빛이 도달하지 못한 공간이 더 많이 존재한다. 그런데 과학자들은 이런 우주 또한 하나가 아니고, 멀티버스 중 일부라고 말한다. 거대한 우주 속 인간이란 존재는 보잘 것 없어 보인다. 그러나 인간의 사유 덕분에 우주는 특별한 가치를 갖게 된 것이 아닐까?

Break Time
상상 속 다중 우주

다른 우주에 있는 지구와 닮은 행성에서 또 다른 인간들이 살고 있다는 상상, 차원을 넘어 공룡이나 다른 생명체가 사는 다른 행성으로 이동하는 상상, 다들 해 본 적 있지? 생각보다 많은 학자들이 다중 우주를 지지하고 있어. 그리고 다른 우주로 통하는 방법도 진지하게 연구하고 있다고 해. 다중 우주에 대한 나만의 엉뚱한 상상력을 글이나 그림으로 표현해 봐.

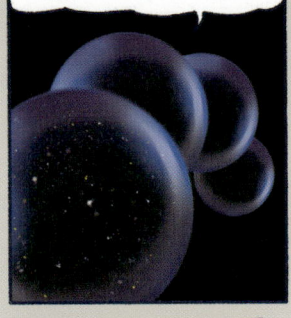

새로운 우주가 다른 우주 위에서 자라날 수 있을 것 같아. 마치 나뭇가지가 나오듯이 말이야.

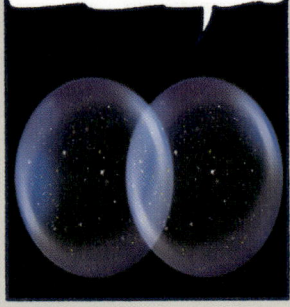

두 개 이상의 우주가 겹쳐지거나 하나가 될 수도 있지 않을까?

다른 우주에는 나랑 똑같은 내가 살고 있지 않을까?

내가 생각한 우주의 모습은?

차원을 연구하는 이

　채의 머리는 빠르게 돌아갔다. 로봇과 여성이라니, 이게 도대체 무슨 조합일까? 혹시 몰래 카메라는 아닐까? 사이비 종교 단체에서 접근한 것일지도 모른다. 아니면 금품을 노린 강도일 수도 있다.
　채의 눈빛이 조금 차가워지자 작은 로봇은 순식간에 겁먹은 얼굴이 되었다.
　"아니에요, 사장님! 저희는 나쁜 사람들이 아니에요."

인사를 하긴 했지만 차원이니 뭐니 하는 말을 들으니 더욱 의심이 들었다. 그러거나 말거나 로봇은 채의 반응이 조금 부드러워진 것을 눈치채고 신이 나서 수다를 떨었다.

"우리 박사님으로 말할 것 같으면 오랜 연구 끝에 다른 우주로부터 온 신호를 받아 내는 기계를 발명하신 분이시죠! 그 기계가 바로 바로……, 두구 두구 두구……"

"그런데 여긴 무슨 일 때문에 오신 거죠?"

채가 묻자 리사 박사는 범죄 수사라도 하듯 싸늘하게 물었다.

"최근 이 카페에서 신호가 잡혔습니다. 다른 차원에서 보낸 신호 말이에요. 사장님, 뭔가 아는 거 없으신가요?"

피노는 잔뜩 기대하는 투로 종알종알 떠들었다.

"맞아요! 제가 파악하기로는 여기 어디선가 차원의 통로가 열린 게 분명해요! 사장님, 혹시 최근에 이상한 일 없었어요? 뭔가가 새로 나타났다거나 아니면 반대로 사라졌다거나, 뭐 그런 거 말이에요."

채는 가슴 한 쪽이 찡 하고 아파오는 것을 느꼈다. 납덩어리라도 삼킨 듯 가슴이 묵직했다. 그렇다. 그는 분명 무엇인가를 잃어버렸다. 하지만 대체 무엇을 잃어버린 것일까.

지금은 무엇을 잃어버렸는지 알지도 못하는 데다가 이 해괴한 2인조의 말을 신뢰하기도 어려웠다. 채는 조금 천천히 생각해 보기로 했다.

"글쎄요. 일단, 잠시 들어오시죠."

채는 둘을 카페 안으로 들여보냈다. 리사 박사는 어지러운 카페를 두리번거리며 얼굴을 찡그렸고, 피노는 대단한 초대라도 받은 것 마냥 팔짝팔짝 뛰며 기뻐했다. 채는 두 사람을 위한 차를 준비하기 위해 주방으로 들어가며 무심하게 물었다.

로봇은 아무것도 모르는 어린아이에게 설명하듯이 채에게 다가와 눈을 맞추고 말했다.

"일단 '차원'이란 단어를 사전에서 찾아보면 이렇게 나올 거예요. '위치를 말하는 데 필요한 좌표의 수.' 좌표는 아시죠? 그러니까 수학에서 말하는 x축, y축을 생각하면 되는 거예요."

행여나 못 알아들을까 봐 천천히 말하던 로봇은 채가 주스를 만들기 위해 집어 든 사과를 보더니 환하게 웃었다.

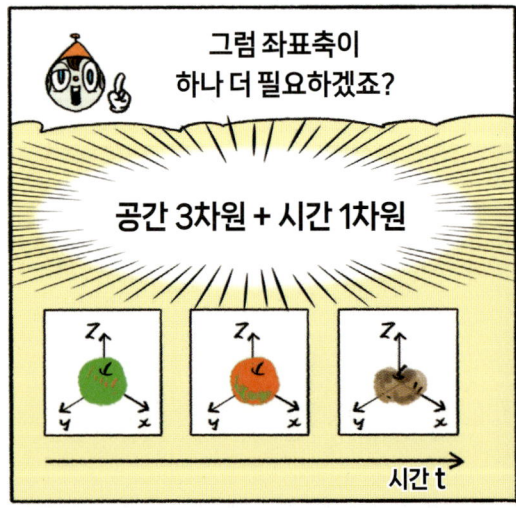

이미 알고 있는 내용이긴 했지만 채는 피노의 친절한 설명이 마음에 들었다. 조금은 경계심을 풀어도 좋겠다는 생각이 들 정도였다. 채는 준비한 커피와 음료를 리사와 피노에게 전해 주며 물었다.

"그렇다면 당신들은 우리가 4차원의 세계에 산다고 보는 건가요?"

채의 질문이 날카롭게 느껴졌는지 리사 박사는 조금 놀란 눈치였다. 채가 다시 말을 이었다.

"우리는, 아니 이 세상 모든 것은 차원 속에 존재하잖아요. 나도, 당신들도, 고양이도, 코끼리도, 이 카페도, 나무도, 자동차도, 거대한 건물도, 길가에 핀 꽃 한 송이도, 모두 차원 속 존재죠. 시간과 공간이 합쳐진 시공간에 속해 있으니까요."

박사는 따뜻한 커피잔을 두 손으로 받아들고 말했다.

"맞아요. 우리는 4차원의 세계에 사는 존재예요. 여기서 말하는 4차원은 공간 3차원과 시간 1차원을 합한 4차원이란 게 중요하죠."

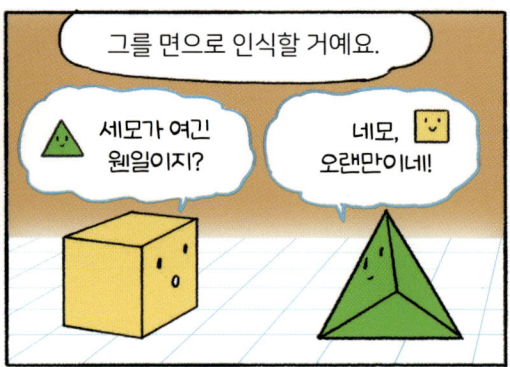

채는 눈앞에 머그잔을 들어 보았다.

"사실 우리도 마찬가지예요. 우리의 눈에는 모든 사물이 사진과 같이 평면으로 보여요. 이 컵을 보더라도, 눈앞에 있는 앞면만 보일 뿐 뒷면은 가려지죠. 우리 뇌가 세상을 입체라고 인식하여 해석해 준 덕분에 3차원으로 받아들이는 거예요."

 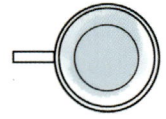 

채의 설명을 들은 로봇은 깜짝 놀라며 박수를 쳤다.

"우와아아, 사장님! 정말 잘 아시네요."

리사 박사는 빙그레 웃으며 고개를 끄덕였다.

"맞아요. 그래서 우리는 3차원의 공간에 1차원의 시간을 더해, 4차원의 시공간에 산다고 할 수 있어요."

리사 박사는 목소리는 살짝 들떠 있었다.

"4차원의 공간이란 어떤 모습일까요? 그곳에 사는 존재는 모든 것이 입체로 보이겠지요? 닫힌 책상 서랍 속이 다 훤히 보이고, 인간의 얼굴 너머 뒤통수도 보이고, 뒤돌아보지 않아도 내 주변을 둘러싼 모든 것이 다 인지되는 세상일까요?"

채는 상상해 보려고 노력했지만 쉽지 않았다.

"2차원의 시간은 또 무엇일까요. 시간의 개념이 선이 아니라 면으로 흘러간다니……, 언덕을 넘듯 과거와 미래를 접할 수 있을까요? 영상을 멈추거나 빨리 감는 것처럼 실제 시간도 그렇게 이동할 수 있을까요?"

채는 그 역시 쉽게 떠오르지 않았다.

채는 머리를 세게 얻어맞은 것만 같았다. 인간의 인식은 어쩔 수 없이 한계를 지닌다. 오늘날의 물리학에서는 11차원이나 13차원까지도 고려한다고 하지만 3차원 공간이라는 현실을 사는 우리로서는 절대로 더 높은 차원을 인식하지 못한다. 더 높은 차원을 이해할 수도, 상상할 수도 없다. 무엇을 모르는지조차 모르는 상태로 세상 모든 것을 다 알 수 있다고 착각하는 것이 우리 인간이다. 5차원은 어떤 모습일까? 6차원을 살아가는 존재도 있을까? 0차원의 세계는 또 어떨까? 좌표축의 개수가 아예 없는 세계엔 시간도, 공간도, 차원도 없을 것이다. 그 세계에 사는 존재가 있다면 어떤 모습일까?

채는 기억나지 않는 존재가 어쩐지 익숙하게 느껴졌다.
'그래, 한번 찾아보는 거야. 내가 잃어버린 것을.'
채는 이 이상한 박사와 로봇이 믿음직스럽게 느껴졌다. 아니, 사실은 미덥지 않아도 상관없었다. 지금 그는 누구에게라도 도움을 청하고 싶은 마음이었으니까.

"만약, 당신들이 말하는 차원의 통로를 찾게 된다면……, 제가 잃어버린 것도 찾을 수 있을까요?"

피노가 눈을 동그랗게 뜨고 물었다.

"뭘 잃어버리셨는데요?"

채가 잃어버린 친구,
알파는 새로운 우주를 만들고 있었다.

우주라니!
알파가 그렇게 대단하고
어마어마한 걸 창조했냐고?

아니다, 알파의 우주는 작았다.
좁쌀보다도 더 작았다.

하지만 그 안에는 극도로 압축된
에너지가 담겨 있었다.

보이지도 않는 작은 점 속에 모든 것이 들어 있었다. 세상을 구성하는 모든 원소와 모든 역사, 깎아지른 절벽과 광활한 바다, 온갖 생명과 사유와 인지, 믿음과 신념, 과학과 문화, 앞으로 펼쳐질 찬란한 역사까지도……. 알파는 자신이 경험했던 우주를 똑같이 복사하여 만들어 볼 생각이었다.

모두가 알다시피 우리 우주는 빅뱅에서 시작되었다.

"후유, 그럼 시작해 볼까?"

조금 전까지 0이었던 시공간이 엄청난 크기로 팽창했다. 우주가 시작된 것이다. 1초 후 우주의 크기는 수 광년에 이르렀다. 뜨거웠던 온도는 1초 동안 급속도로 식었다. 존재하는 모든 것이 질량을 갖게 되었다. 그렇게 어마어마한 1초가 지났다. 하지만 아직 빛이 존재하지는 않았다.

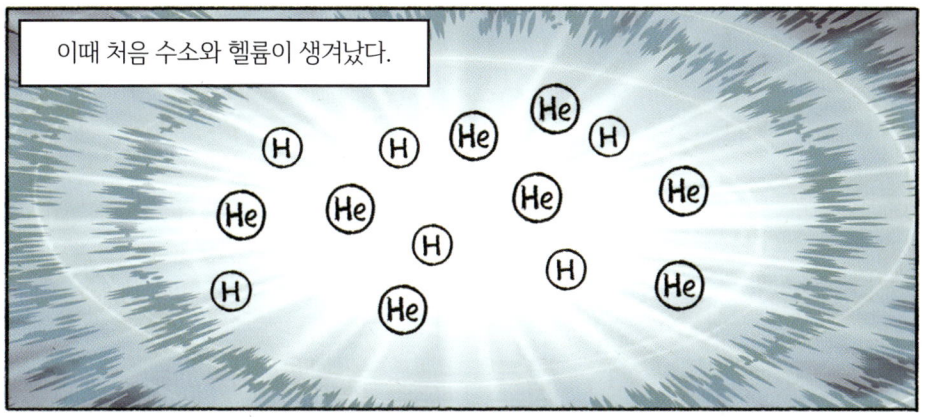

　시간은 흘렀고 알파의 우주는 점점 커졌다. 어마어마한 속도로 끝도 없이 팽창했다. 이렇게 영원히 커지기만 할 것 같았다.
　"하아, 이제 정말 세는 것도 지겹다."
　지루하고도 의미 없는 시간이었다. 우주는 여전히 어둡고 컴컴한 상태였다. 뜨거운 스프처럼 모든 것이 뒤섞여 있었다. 이 팽창은 무려 38만 년 동안 지속되었다.

차라리 이대로 사라지고 싶을 정도였지만,
신인 그에게는 마지막이라는 사치조차 허락되지 않았다.
알파는 대화도, 생각도, 사유도 없이
팽창하는 우주 속에서 퍼석하게 말라갔다.

그렇게 지구의 시간으로 38만 년이 흘렀다.

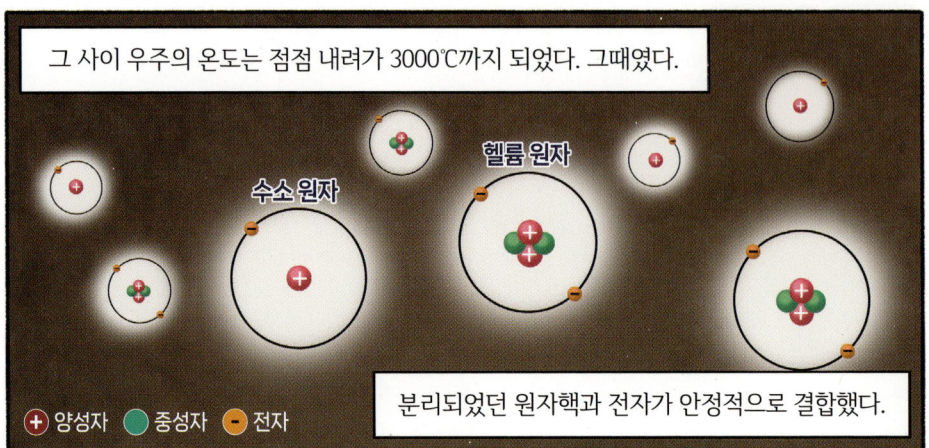

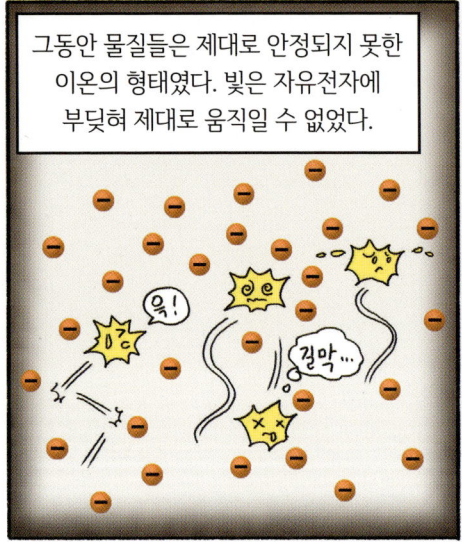
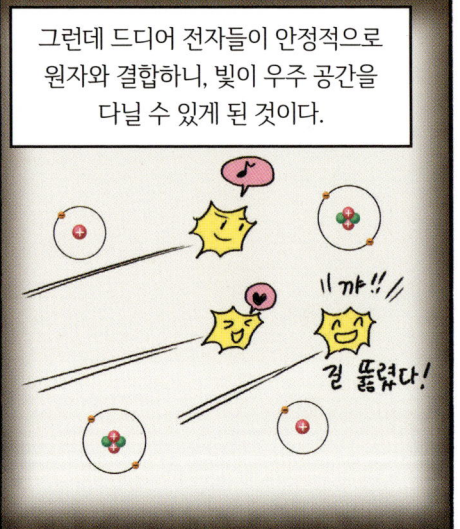

　물질로부터 분리된 빛은 신나게 앞으로 나아갔다. 우주에 무언가 볼 수 있는 가능성이 생긴 것이다! 우주에 처음 빛이 생긴 날. 알파는 지긋지긋한 어둠이 끝났음을 깨달았다. 맑게 갠 아침 하늘처럼 우주가 투명해졌다.

마치 성경의 첫 장면처럼 말이다.

빛이 있으라!

자유로워진 빛은 어디론가로 방출되었다.

꺄!! 자유다!!
신났네.

이 빛 에너지는 우주 이곳저곳에 흔적을 남기며 멀리멀리 나아갔다.

지지직
간다!!
지지직
얘, 얘들아?

아주 먼 훗날, 이 빛이 남긴 흔적 때문에 지구인들은 우주가 어떻게 시작되었는지 밝혀낼 수 있게 될 것이다.

지지직

비둘기 똥도 다 닦았는데 안테나에 이상한 신호가 잡혀.

이게 우주 배경복사인가?

← 윌슨

← 펜지어스

태양보다 작은 것부터 수백 배 큰 것까지
다양한 항성들이 탄생하기 시작했다.
이들은 저마다의 빛을 밝혔다. 그리고 내부 핵융합을 통해
새로운 원소들을 만들어 냈다.

탄소, 산소, 네온, 마그네슘, 규소, 철……
각각의 개성과 무게가 다른 원소들이 생겨났다.
별들은 100만 년 정도의 짧은 생애를 살았고,
수명을 다하면 폭발하며 사라졌다.
그 순간 별을 이루던 원소들은 우주 공간에 흩뿌려졌다.

원소들은 사라지지 않았다. 뭉치고 흩어지고 다시 뭉쳤다. 원소들이 모이면 무엇이든 만들 수 있었다. 먼지가 되기도 하고 행성이 되기도 했다.

수많은 별과 은하가 만들어지고 사라지기를 반복했다. 어떤 원소들은 '태양'을 만들었다. 알파의 우주가 만들어진 지 80억 년 무렵의 일이었다. 다시 시간은 부지런하게 흘렀다. 92억 년 쯤 되었을 땐 태양계 안에서 작은 행성 하나가 태어났다.

태양으로부터 세 번째 행성, 원시 지구였다.

내가…….
내가…….

정말 신이 되었어!

빅뱅 이후의 역사

대폭발 이후 우주의 역사는 대략 138억 년이라 측정된다고 해요. 상상할 수 없는 이 우주에도 시작은 있었을 거예요. 그 출발점으로 함께 가 볼까요?

○ 1초

0이었던 시공간이 1초 동안 팽창한 순간이에요. 0부터 10^{-43}초. 이 시간은 플랑크 시간이라고 해요. 이때 모든 것이 한 점에 뜨겁게 압축되어 있었어요. 우주가 급팽창하며 우주의 온도는 점차 낮아졌어요.

○ 3분

이후 우주는 3분까지 대폭발 핵합성이 진행됐어요. 여기서 양성자와 중성자에 의한 수소 핵융합이 일어났고, 수소와 헬륨이 우주에서 생겨났지요. 우리 우주에서 가장 많은 물질이 수소와 헬륨인 이유가 바로 여기에 있답니다.

○ 38만 년

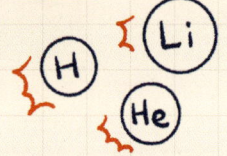

우주 탄생 후 38만 년이 될 때까지 우주는 팽창을 계속했고, 온도는 3000℃까지 내려갔어요. 분리되어 있던 원자핵과 전자가 안정적으로 결합하여 수소, 헬륨, 리튬 등이 만들어졌어요.

○ 4억 년

4억 년까지는 암흑 시대가 이어졌어요. 이후 중력이 물질을 모아 은하가 형성되었지요. 별들은 빛을 내고 무거운 원소들을 생성했어요. 탄소, 산소, 네온, 마그네슘, 규소, 철 등이 만들어졌어요.

○ 138억 년

4억 년부터는 극적인 변화가 일어나지 않았지만 천천히 천체들이 발달했어요. 수많은 은하가 모여 은하단을 만들었지요. 80억 년 무렵엔 태양계가 형성되었고 92억 년 무렵에는 태양계 안에서 원시 지구가 태어났답니다.

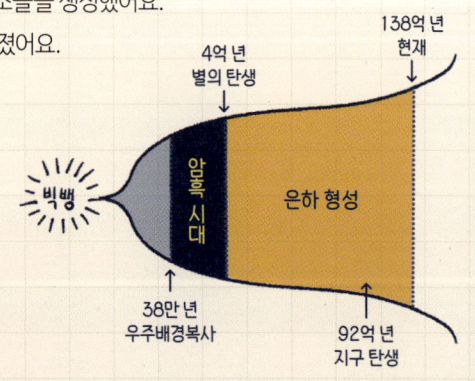

마스터의 보고서

빅뱅 이론의 증명

1929년, 에드윈 허블

허블은 천체를 관측하던 중 모든 천체가 '적색편이 현상'을 보이는 것을 발견했다. 적색편이란 멀어지는 물체의 색깔이 빛의 파장 때문에 붉게 보이는 현상을 말한다. 모든 천체가 붉게 보인다는 건 우주 전체가 빠르게 팽창하는 것을 의미했다. 허블은 우리 우주를 건포도를 넣은 밀가루 반죽에 비유했다. 오븐에서 구워질수록 반죽은 팽창하며 건포도들 사이의 거리는 멀어진다는 것이다.

미국의 천문학자 에드윈 파월 허블 (1889 ~ 1953)

1948년, 조지 가모프

조지 가모프는 초기 우주는 밀도와 온도가 매우 높은 상태였는데 대폭발이 일어나 급격히 팽창을 시작했고 지금과 같은 모습에 이르게 되었다고 추측했다. 그런데 이 폭발이 실제로 일어났다면 엄청난 양의 열과 복사선이 우주에 흔적으로 남아 있어야 했다. 마치 밥솥을 여는 순간 주변으로 확 퍼져 나가는 김 같은 흔적 말이다. 조지 가모프는 이것을 '우주배경복사'라고 불렀다.

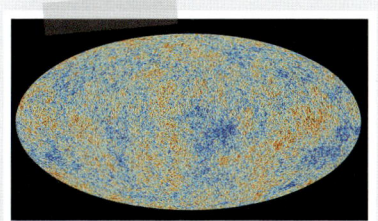

위성이 찍은 우주배경복사 우주 모든 곳에 분포되어 있는 배경복사는 대폭발의 증거가 된다.

1964년, 아노 펜지어스와 로버트 윌슨

미국 벨 연구소의 연구원이었던 펜지어스와 윌슨은 안테나를 통해 인공위성의 신호를 받고 있었는데 기계에 원인 모를 잡음이 계속 잡혔다. 두 사람은 안테나에 쌓인 비둘기 똥이 원인이라고 생각해 안테나를 깨끗하게 닦아 보기도 했다. 그러나 무슨 수를 써도 일정한 잡음이 잡혔다. 그들이 발견한 잡음은 과학자들이 그토록 찾고자 했던 '우주배경복사', 즉 빅뱅의 결정적인 증거였다. 펜지어스와 윌슨은 이 발견으로 1978년에 노벨상을 받았고 가설로만 여겨졌던 빅뱅 이론이 정상 과학의 한 자리를 차지하게 되었다.

펜지어스와 윌슨의 전파 망원경

Break Time
빅뱅 연대기

아무것도 없는 무에서 대폭발이 일어나고 138억 년 정도 후에 지금 우리가 아는 모습의 우주가 되었지. 뒤죽박죽 섞인 카드를 발생한 사건 순서대로 나열해 줘.

A 급팽창 시대
플랑크 시대가 끝날 무렵 우주는 급격하게 팽창했어. 우주 온도는 낮아지고 네 가지 힘 중에 하나인 '강력'이 분리되었지.

B 별이 빛나는 우주
중력은 물질을 모으고 뭉쳐서 초기 은하를 만들었어. 그리고 그 과정에서 드디어 별이 생겼어!

C 빛이 있으라!
우주 탄생 38만 년 후 원자핵과 전자가 안정적으로 결합하면서 빛이 우주 공간을 날아다니게 되었어. 이것의 흔적을 우주배경복사라고 하지.

D 태양계와 지구
천천히 오랜 시간 동안 천체들이 발달했어. 은하가 모이고 태양계가 생겼고 그 안에서 우리 지구가 생겨났지.

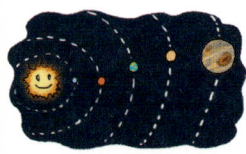

E 핵합성
빅뱅 후 3분 동안 우주는 수소 폭탄이 터질 때의 온도로 떨어지면서 양성자와 중성자에 의한 수소 핵융합이 일어났어. 수소와 헬륨이 탄생했지.

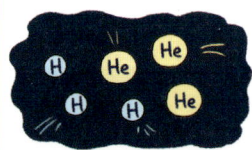

F 플랑크 시대
더 이상 쪼갤 수 없는 짧은 시간! 아주 작은 공간 안에 모든 힘과 모든 것들이 뜨겁게 압축되어 있었어.

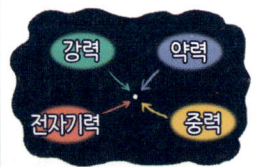

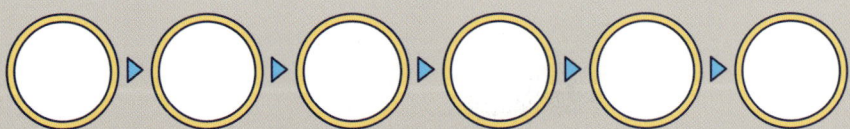

3 지구의 탄생

지구 플러스 알파

'내가……, 잃어버린 것을 찾을 수 있다고?'

채는 자신의 엉뚱한 질문에 아무렇지 않게 대답해 준 리사 박사와 피노를 동그란 눈으로 바라보았다. 그 반응이 고맙긴 했지만 무슨 수로 찾으려는지, 생각을 알 수 없었다. 그때였다.

채는 이게 대체 무슨 일인지 이해가 가지 않았다. 그는 다급하게 둘을 세우고 따지듯 물었다.

"무슨 말인지 알아듣기 쉽게 얘기 좀 해 주세요! 대체 누가 보낸 신호고, 어떤 내용의 신호인 거죠?"

피노와 리사가 동시에 대답했다.

"그거야 우리도 모르죠!"

알파는 태양계를 바라보고 있었다. 물론 그의 우주에는 태양계와 비슷한 행성 체계가 여럿 존재했지만 알파는 유독 이 태양계에 마음이 갔다. 우주가 처음 만들어진 지 90억 년이 지난 어느 날 탄생한 항성이었다.

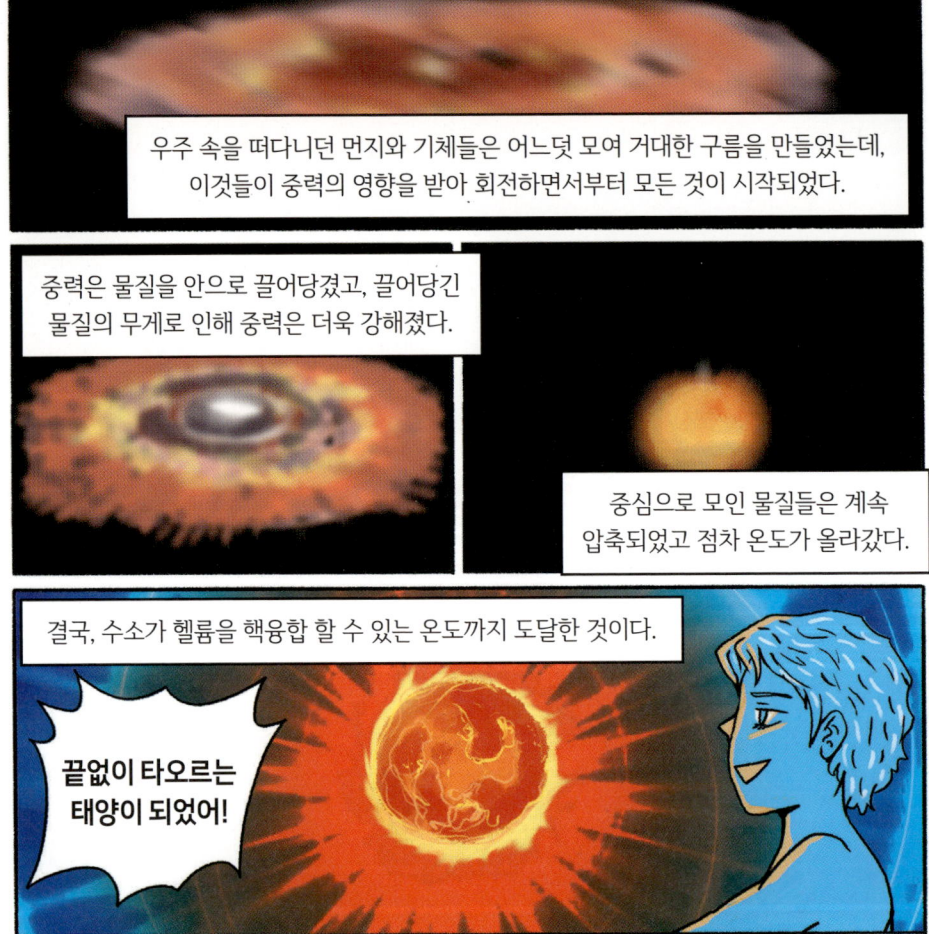

물론 태양으로부터 조금 떨어진 물질들도 있었다. 그들은 태양 중심으로 끌어당겨지지 않고, 주변에 있는 다른 물질들과 함께 뭉쳐져 행성이 되었다. 그렇게 태양부터 행성까지 차근차근 만들어졌다. 알파가 기다리던 순간이었다.

행성의 탄생은 우주 탄생 이후 92억 년이 지난 후에 일어난 일이었고 지금으로부터 46억 년 전의 사건이었다.

알파는 마치 예술 작품을 감상하듯 자신의 태양계를 뿌듯한 얼굴로 바라보았다. 그는 그저 최상위신이 만들어 놓은 우주의 법칙에 따라 빛과 구름, 먼지와 기체가 모이고, 회전하고, 뭉치며, 점차 뜨거워지고 식어 가는 과정을 멍하니 구경했을 뿐이었다.

하지만 완성된 태양계를 보자 알파의 가슴은 제어하기 힘들 정도로 벅차올랐다. 특히 태양으로부터 세 번째 떨어진 작은 행성은 눈에 넣어도 아프지 않을 것처럼 소중하게 느껴졌다.

'지구+알파'는 먼 곳으로부터 달려와 자신에게 갓 닿은 태양 빛을 조용히 반사시켰다. 마치 이 모든 것을 창조한 존재를 숭배하기라도 하듯 경건하게 말이다. 알파 눈엔 믿을 수 없이 사랑스러운 모습이었다. 앞으로 이 행성은 알파의 특별한 애정을 받게 될 것이다. 욕망과 희망, 무수한 기대와 환희로 가득 찬 수많은 생명체를 잉태하고 키워 내겠지.

하지만 초기 원시 지구의 상태는 그다지 녹록하지 않았다.

너무 뜨거웠고, 알 수 없는 물질들이 끓고 있었으며 공기는 무서울 정도로 빠르게 대류하고 있었다.

이때 묵직한 금속 물질들은 지구의 중심부로 내려갔고,

광물들은 토양이 되었다.

"자, 잠깐만! 지구가 이렇게 만들어졌다고?"

알파는 듣는 사람도 없는데 큰 소리로 외치며 두리번거렸다.

"아냐! 여기서는 아무것도 살 수 없다고!"

지구 플러스 알파는 말 그대로 끔찍한 공간이었다. 생명체가 견디기엔 너무 뜨거웠고 독성 물질까지 뿜어져 나왔다. 문제는 그것뿐이 아니었다. 탄생한 지 1억 년쯤 지난 어느 날, 알 수 없는 거대한 덩어리가 이 행성을 향해 날아온 것이다.

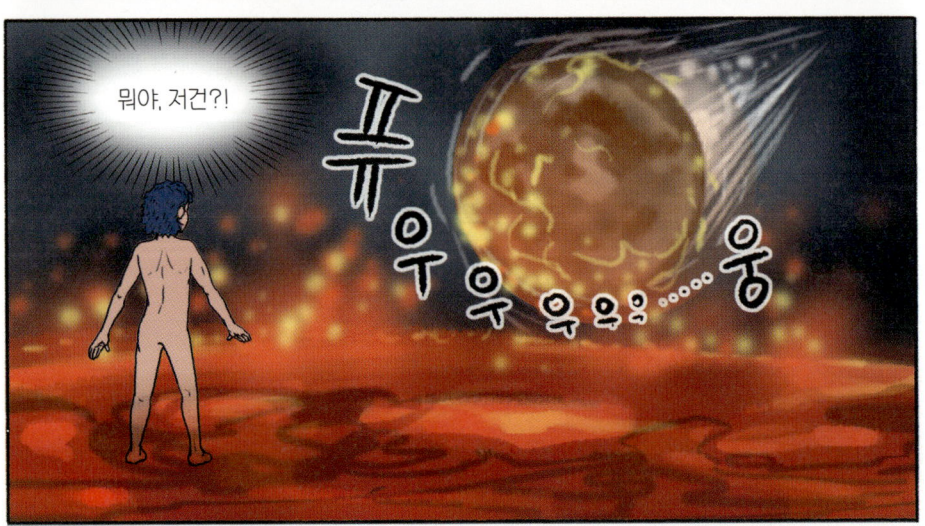

훗날 과학자들은 이 알 수 없는 행성을 '테이아'라고 불렀다. 충돌 직전 테이아의 속력은 초속 4킬로미터, 각도는 약 45도로 밝혀졌다.

그렇게 테이아는 산산히 부서졌다. 이때 떨어져 나온 잔해들은 우주 공간을 떠돌다가 시간이 지나자 다시 뭉치기 시작하였다. 게중 무거운 물질들은 지구+알파의 중력에 의해 행성 내부로 빨려 들어갔고, 상대적으로 가벼운 광물들은 일정한 거리를 두고 그들끼리 회전하며 뭉쳤다. 시간이 지나자 테이아의 잔해들은 동그란 덩어리가 되어 알파의 행성 주변을 맴돌았다.

이와 같은 과정으로 지구와 달은 서서히 식어 가며 오랜 시간 동반자로 머무르게 되었다.

차가운 빛을 내는 달을 볼 때마다 알파는 외로움을 느꼈다.

달을 곁에 둔 지구와는 달리 자신은 온전히 혼자였기 때문이다.

휘이이이이이이 이.....
위이이이이 이.....

채는 캐나다 북극권 서쪽 끝에 위치한 섬 위를 걷고 있었다. 속으로 괜히 따라왔다고 후회하면서 말이다. 헬리콥터가 황망히 내려 주고 떠난 이 섬은 나무도, 도시도 없는 곳이었다. 그저 넓고 텅 빈 공간에 매서운 눈보라가 휘몰아칠 뿐이었다. 채는 바람 때문에 가늘게 눈을 뜨고 간신히 걸음을 옮기며 물었다.

"이봐요! 신호가 느껴졌다면서요? 그럼 이 근처에 뭐가 있다는 뜻인가요?"

거센 바람 소리 때문에 채는 목이 터져라 외쳐야 했다. 리사 박사가 뒤도 돌아보지 않고 소리쳤다.

"난들 알아? 이제부터 조사를 해야지!"

리사 박사는 민망했는지 말을 돌렸다.

"피노, 일단 저쪽 암석부터 살펴보자!"

박사는 암석 샘플을 채취할 때 필요한 망치와 연장들을 챙겼다. 그리고 배낭 안에 손을 넣어 부스럭대더니 채에게 무언가를 건네주었다. 신호탄과 숟가락, 그리고 밥을 해 먹을 때 필요한 코펠이었다.

"여긴 북극곰 출몰 지역이야. 우리가 샘플을 채취할 동안 당신이 망 좀 봐줘야겠어. 가만히 서 있으면 동상 걸리니까 계속 움직여야 되는 거 알지?"

"네? 이걸로 뭘 어쩌라고……."

피노는 당황한 채의 손을 꼬옥 잡아 주었다.

"사장님, 만에 하나 북극곰이 나타나면 바로 신호탄을 쏘세요. 녀석들은 소리에 예민하니까 코펠에 숟가락을 두들겨서 시끄러운 소리도 내시고요. 아셨죠?"

"그, 그럼 북극곰이 도망갈까?"

채는 떨리는 목소리로 물었지만 돌아오는 대답은 냉랭했다.

"그거야, 알 수 없죠."

하아…, 사기꾼들 같으니라고…….

'대체 난 여길 왜 따라온 걸까? 무엇을 찾겠다고…….'

채는 얼어 죽지 않기 위해 하얀 평원에서 계속 몸을 움직였다. 북극곰은 하얗고 푹신푹신한 이미지와는 달리 존재하는 식육목 포유류 중 가장 크고 사나운 포식자다. 거대한 북극곰의 송곳니와 어금니는 고기를 자르기 좋게 진화되었다. 거대한 앞발에 맞는 순간 바로 사망할 것이다. 채는 잔뜩 긴장하여 주위를 연신 둘러보았다. 그때였다. 먼 곳에서 희끄무레한 얼룩이 다가오는 게 아닌가.

채는 숟가락으로 있는 힘껏 코펠을 내리쳤다. 고요한 평원에 귀를 찢을 듯 '땅땅땅땅' 소리가 울려 퍼졌다.

"북금곰! 북극곰이야! 북극곰이 온다!"

알파는 상위 신이 되면 꼭 해 보고 싶은 것이 있었다. 바로 생명체를 만드는 것이었다. 생명이라면 무엇이든 상관없었다. 작은 세포가 분열되고 자신의 유전자를 후손에게 전달하며, 다양한 형태로 진화하는 모습을 목격하고 싶었다. 그러나 미지의 행성 테이아가 치고 간 지구+알파는 그야말로 불지옥이었다. 모든 것이 불타고 있었고, 테이아의 잔해로 추정되는 크고 작은 운석이 무수히 떨어졌다. 무차별적으로 하늘에서 투하되는 폭탄을 피할 때마다 알파는 울고 싶었다.

다행히 시간이 지나자 폭격은 안정되었고 맨틀과 지각이 생겨났다. 하지만 1600도에 달하는 맨틀은 롤러코스터처럼 빠르게 움직였기에 화산 폭발과 지진이 일상적으로 일어났다.

 채는 입이 열 개라도 할 말이 없었다. 채가 본 것은 먼 곳에 있는 북극곰이 아니라 근처의 흰 토끼였다. 나무나 건물이 존재하지 않는 광활한 북극에서는 거리감이 느껴지지 않는 탓이었다. 샘플을 채취하겠다던 피노와 리사도 별 소득이 없었던 모양이었다. 다시 눈보라가 불어오기 전에 적당한 곳에 텐트를 쳐야 했다. 세 사람은 다시 길을 걸었다.

그동안 이 행성 안의 물은 대부분 기체로 존재했다. 그런데 지대가 낮고 온도가 낮은 지역에서는 액체 상태의 물이 고이는 곳도 있었던 모양이다.

그렇다면 언젠가 이곳에도 강과 바다가 만들어질 수 있는 걸까? 어쩌면 이 척박하고 독성이 가득한 곳에서 원시적인 형태의 생명체가 탄생할지도 모른다.

피노가 소리를 질러 채를 놀라게도 해 보고 물도 마셔 보았다. 혀를 잡아당기는 등 온갖 요법을 써 보았지만 소용이 없었다. 딸꾹질 때문에 숨 쉬는 것조차 힘든 그때, 피노가 걸음을 멈추더니 심각한 목소리로 말했다.

"잠깐, 이쪽이에요! 박사님! 여기서 신호가 잡혀요!"

그들 앞에는 거대한 퇴적암층이 있었다. 이때까지 고생했는데 또 신호라고? 채는 짜증이 차올랐지만 딸꾹질 때문에 제대로 말도 할 수 없었다.

물론 그것은 보이지도 않고, 만져지지도 않았다. 물기가 있는 이 행성의 어느 틈바구니에서 원시적이고 불안전한 세포 하나가 만들어졌다가 사라지기를 반복했을 것이다. 그러던 어느 날 거대한 도약을 이루어 냈을 것이다. 그것은 바로, 나의 정보를 다음 세대에 전달한다는 어마어마한 작업이었다.

알파는 보이지 않는 첫 번째 생명에게 속삭였다.

"너는 훗날 모든 생물의 공통 조상이 될 거야."

알파는 최초의 생물에게 이름을 붙여 주었다.

지질 시대

지구가 안정된 이후의 역사를 '지질 시대'라고 해요. 지구 탄생 8억 년부터 인류가 등장하기 전까지 약 38억 년에 해당하는 기간이죠. 이 시대를 이해하려면 '누대'라는 용어를 알아 둘 필요가 있어요.

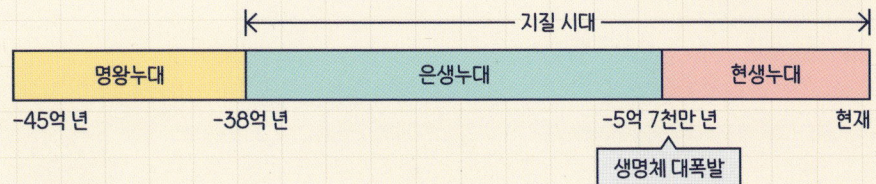

○ 명왕누대

명왕누대는 가장 앞서 있는 시기로 은생누대 이전의 시기를 말해요. 여기서의 명왕은 '어두울 명(冥)'에 '임금 왕(王)'을 사용해 '어둠의 왕'이라는 뜻이지요. 명왕누대는 지구 탄생 45억 년부터 38억 년 전까지의 시대로, 미행성 테이아 충돌 이후의 세계예요. 이 시기의 지구는 뜨거웠고 화산 활동이 활발했어요.

○ 은생누대

38억 년부터 5억 7천만 년 전까지 지구 역사의 대부분에 해당하는 기간이에요. 지구 역사의 70%에 해당하는 이 긴 시대는 텅 비어 있었어요. 생물 자체도 적을 뿐더러 뼈나 단단한 조직을 가진 개체도 드물어 화석이 거의 발견되지 않았거든요. 산소와 오존층은 없고 생명체도 존재하지 않았어요. 하지만 생명체가 아예 없었던 건 아니에요. 원시적인 형태의 생명체는 은생누대 초기부터 발생했던 것으로 보여요.

○ 현생누대

현생누대 지층에는 화석들이 대량으로 발견되었어요. 이 시기에 생물의 양이 폭발적으로 증가한 것이죠. 그래서 이 시대는 '나타날 현(顯)' 자를 사용해 현생누대라고 불러요.
캄브리아기 대폭발 이후 다양한 종류의 동물 화석이 대량으로 출현했지요. 이후 고생대가 시작되면서 어류와 척추동물들이 바다와 육지를 가득 채웠어요.

생명의 탄생

지금으로부터 38억 년 전, 우주가 탄생하고 100억 년 정도가 지난 어느 날, 척박한 지구 환경에서 최초의 생명이 탄생했다. 이 최초의 생명은 자신의 정보를 다음 세대에 전달할 수 있는 놀라운 존재였다. 그렇게 이 생명체는 모든 생물의 공통 조상이 되었다. 이 생명체를 우리는 루아(LUA, Last Universal Ancestor), 또는 루카(LUCA, Last Universal Common Ancestor)라고 부른다. 이 최초의 생명체 루카는 어떻게 탄생하게 되었을까? 소련의 생화학자 알렉산드로 오파린은 1936년 《생명의 기원》에서 생명은 단순한 분자로부터 시작해서 화학적 단계를 거쳐 물질대사를 수행하는 원시 세포가 된다고 설명했다.

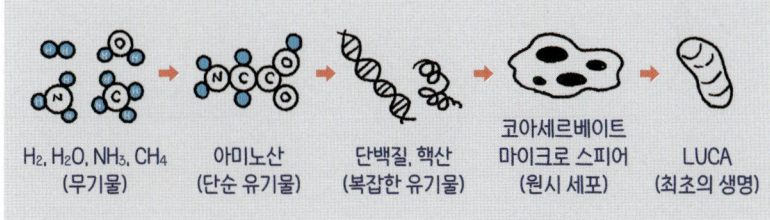

화학적 진화론

1953년에 미국의 생화학자 스탠리 밀러는 원시지구에서 어떻게 유기물이 탄생할 수 있는지를 실험으로 밝혀냈다. 그는 플라스크 안에 끓고 있는 원시 바다를 재현했고 수소, 메탄, 암모니아로 원시 지구의 대기도 재현했다. 이 안에 마치 번개가 치는 것처럼 반복적인 전기 스파크를 일으키니 결국 생명체의 주요 구성요소인 아미노산이 생성되는 것을 관찰할 수 있었다. 1977년 잭 콜린스는 100도씨가 넘는 뜨거운 심해열수구에서 많은 미생물이 황화수소와 황화철을 에너지로 물질대사를 하며 살아가는 것을 발견했다. 지구 원시 생명체 역시 이와 같은 환경에서 처음 발생하였을 것이라는 '심해 열수구 가설'을 내세우기도 했다. 그러나 이와 같은 많은 가설이 '어떻게 생명이 발생되었는가?'에 대한 뾰족한 해답을 내려 주지는 못한다. 생명이란 무엇이며 어떻게 발생되었는지, 우리가 말할 수 있는 것은 턱없이 부족하다.

심해 열수구 바다 깊은 곳에서 화산처럼 용암과 가스가 뿜어 나온다.

Break Time
캄브리아기 대폭발!

고생대의 바다에는 거의 모든 생물군이 한꺼번에 생겨났어. 특히 단단한 껍데기로 얇고 부드러운 속살을 감싼 동물들이 많이 나타났지. 고생대 생물들의 모습과 이름을 연결해 봐.

아이쉐아이아
고생대 캄브리아기 바다에서 살던 애벌레와 유사한 형태의 생물이에요.

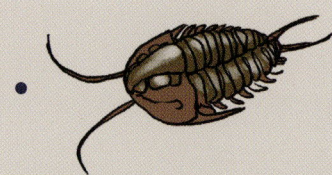

피카이아
캄브리아기 지구에 출현한 초기 척삭동물의 한 종류예요. 무척추 동물과 척추 동물의 중간이에요.

삼엽충
세 개의 잎이라는 뜻의 절지동물로 다양한 종류가 있어요. 등 부분에 단단한 갑옷이 있어요.

사카밤바스피스
오르도비스기에 널리 퍼진 갑주어 종류의 무악어류예요. 무악어류는 턱이 없는 물고기를 말해요.

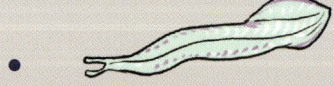

오르토케라스
고생대의 대왕오징어. 앵무조개목에 속하는 연체동물로 데본기 원시 바다에 번성했어요.

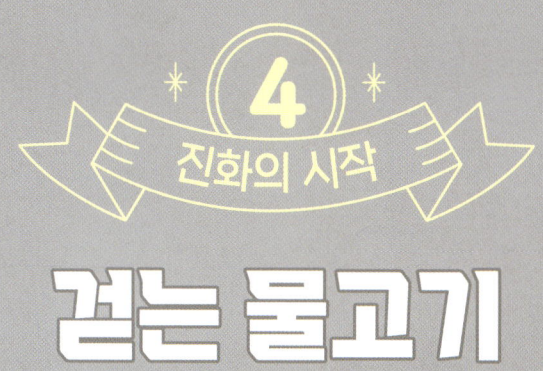

걷는 물고기

피노의 자그마한 몸에는 말도 안 되게 다양한 연장이 들어 있었다. 피노는 능숙하게 화석이 들어 있는 바윗덩어리를 망치로 부수고, 작은 끌로 조심스럽게 정리했다. 지켜보던 채도 할 수 없이 딸꾹질을 하며 일손을 돕기로 했다.

굳이 큰 바위를 부술 필요도 없었다. 주변에 무수하게 흩어진 돌조각 중 몇 개를 줍기만 해도 작은 화석들이 눈에 띄었으니 말이다. 물고기의 머리와 뼈 화석이 보이자 채는 들고 있던 부드러운 붓으로 흙을 살살 쓸어냈다. 그때 이상한 부분이 눈에 띄었다. 지느러미 부분에 마치 손뼈 같은 것이 보인 것이다.

"우에에에엥! 또 신호가 와요! 제, 제가 좀 더 알아볼게요!"

피노는 기뻐서 팔짝팔짝 뛰더니 가슴을 열어 온갖 장비를 꺼냈다. 치과에서 사용할 법한 작고 정교한 도구와 소형 곡괭이들이 쏟아졌다. 피노가 꼼꼼하게 흙과 돌조각을 덜어 내자, 엉성한 돌덩어리에서 이내 완벽한 형태의 물고기 화석이 모습을 드러냈다. 머리는 납작하고 눈이 위에 붙어 있으며, 목을 가진 물고기였다. 손목에 해당하는 뼈와 관절도 더욱 선명하게 보였다.

"두 번째 오해는 진화가 선처럼 한 방향으로 이루어졌다고 믿는 거야. 원래 박테리아였던 것이 어류와 양서류가 되었다가 이후에 파충류와 포유류로 바뀌어 마지막에 유인원과 인류가 되었다고 생각하는 거지. 마치 동물원의 원숭이를 보면서 '이봐, 넌 언제 인간이 될래?'라고 물어보는 것처럼 말이야. 지금도 많은 사람들이 하고 있는 오해 중 하나지."

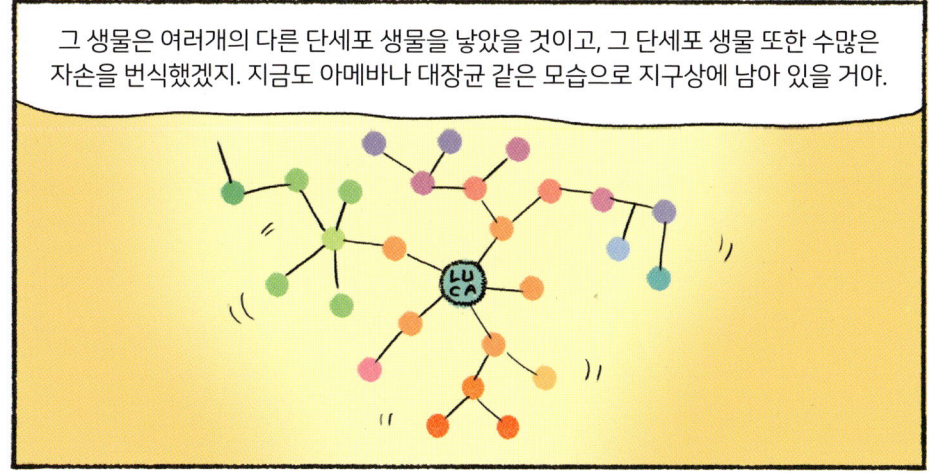

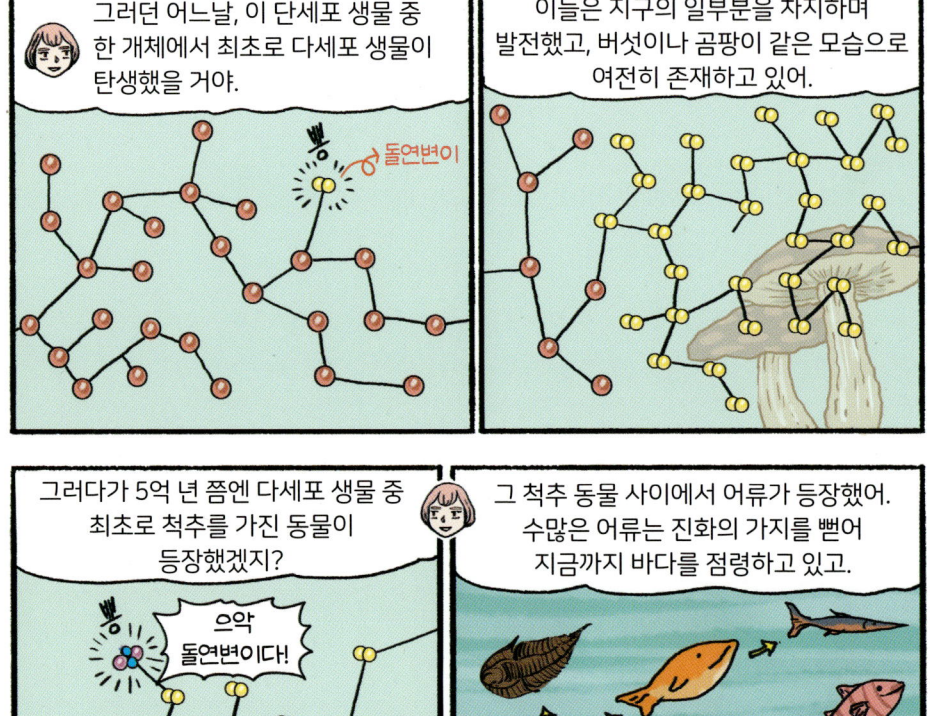

"어류 가운데 하나의 가지에서 파충류와 양서류가 등장했을 거야. 파충류의 일부는 조류가 되었고, 일부는 영장류가 되었어. 이들은 원숭이나 침팬지 같은 다양한 종으로 진화되어 지금도 숲에 적응하여 살아가고 있지. 그중 하나의 가지가 나름의 방향으로 진화해 인류를 포함한 유인원이 된 거고."

리사는 작은 화석 부스러기들을 손에 들고 말을 이었다.

"인류는 수많은 진화 과정 중에 생긴 작은 가지 중 하나야. 모든 생물은 각자의 방향에 맞게 진화 과정을 밟고 있지."

강한 바람이 불어오자 화석 위를 덮은 흙이 작은 소용돌이를 그리며 날아갔다.

"아메바나 대장균이 원시적인 종이고, 인류는 진화의 최종 단계에 도달한 완성된 존재라고 생각하면 안 돼. 그건 진화를 제대로 이해한 게 아니란 얘기야.

채 또한 바닥에 있는 돌멩이 하나를 주워 바라보았다. 물고기 뼈가 제법 선명하게 새겨진 화석이었다. 아주 먼 과거에 이곳이 바다였다는 증거겠지?

채는 인간이 이 지구의 주인공이 아닐 수도 있겠다고 생각했다. 언젠가 지금보다 더 진화한 인간이 이 지구에서 사라지는 날이 올지도 모른다. 어쩌면 그때, 지금보다 진화된 단세포 생물이 지구를 점령할지도 모를 일이다.

난로에 불을 켜자 텐트 안의 냉랭한 공기가 천천히 따뜻해졌다. 채는 차가운 물을 끓여 커피를 탔다.

 북극에 와서 처음 마시는 커피였다. 채는 딸꾹질 때문에 뻐근하기까지 한 가슴을 진정시키며 은은한 향을 음미했다. 지식카페에서의 일들이 먼 과거의 꿈처럼 드문드문 스쳐 지나갔다. 그때 채의 외투 주머니에서 무언가가 만져졌다. 아까 채취한 화석 조각인 모양이었다.

 '이것도 걷는 물고기의 손목 부분인 것 같은데?'

 채는 다시 한 모금의 커피를 마셨다. 그때였다. 텐트 밖에서 환한 빛이 비추는 것이었다. 아늑하고 포근한 주황색 불빛. 해가 지지 않는 극지방에서는 좀처럼 보기 힘든 빛깔이었다.

117

채는 머리를 갸웃거리며 텐트의 문을 열었다. 한 발자국 내딛는 순간, 부드러운 온기가 그를 감쌌다. 채는 신비로운 느낌에 자기도 모르게 눈을 감았다. 꿈이라도 꾸고 있는 걸까? 그렇다면 이대로 좀 더 머무르고 싶었다.

그곳은 분명 다른 세계였다. 조금 전까지 서 있던 북극이 아니고, 익숙했던 지식카페는 더더욱 아니었다. 후텁지근한 공기, 뜨거운 태양, 축축하고 시큼한 낯선 생명의 향기. 마치 아주 먼 과거의 지구를 만난 것 같은 느낌이었다. 어쩌면 그곳은 지구와 닮은 다른 행성일지도 모를 일이다. 그리고 저 멀리 인간처럼 보이는 누군가가 있었다.

이곳은 알파가 만든 행성. 알파의 소망은 서서히 이루어졌다. 생명체의 탄생은 우주 역사상 그 무엇과도 비길 수 없는 가장 큰 이벤트였다. 최초의 생명체는 눈에 보이지도 않는 단순한 형태였지만 훗날 모든 생명체가 여기서 시작되었으니까.

그것이 어떻게 창조되었는지 알파는 알 수 없었다. 그저 어떤 물질이 모여 아주 특별한 무언가가 되었고, 자신의 형질을 자손에게 유전시키는 생명으로 진화했을 뿐.

훗날 지구의 사람들은 이때를 캄브리아기 대폭발의 시대라고 불렀다. 마치 성경 속 창조주가 하루아침에 모든 생명체를 다 창조한 것처럼 수많은 생명들이 쏟아졌다.

거대한 바다는 뜨거운 햇빛과 자외선을 막아 주었다. 이 안전한 환경 속에서 껍데기와 뼈처럼 단단한 부위를 가진 동물들이 무수히 등장했다.

고생대 말기의 땅은 거대한 하나의 초대륙이었다. 후대 사람들은 이 대륙을 '판게아'라고 불렀다.

이 초대륙 위로 바다 생명체들이 올라왔다. 대기권에 오존층이 생긴 덕분에 태양으로부터 오는 자외선을 흡수하여 생물들이 살아갈 수 있었다.

 뭐가 그리 좋았는지, 알파는 물고기를 보며 소리 내어 웃었다. 얼마나 웃었는지 숨이 찰 지경이었다. 이 물고기는 살기 위해 새로운 보금자리를 찾아 헤맬 것이다. 그리고 환경에 적응할 것이다. 생존과 번식에 성공한다면 후손을 볼 것이고, 그들도 끊임없이 진화할 것이다. 알파는 가슴이 뛰었다.
 '언젠가는 나의 이 행성에도 인류가 탄생하겠지?'

인간을 생각할 때면 알파는 언제나 지구에 두고 온 친구를 떠올렸다. 채는 다른 우주에 있다. 그리고 그 우주의 생명들도 각자 그들만의 속도와 방향으로 진화 과정을 밟고 있을 것이다. 다른 우주는 너무 멀리 있어 아무리 손을 뻗어도 닿지 않았지만, 어쩐지 알파는 그들과 연결되어 있다는 생각을 떨칠 수 없었다. 언젠가는 다시 만나겠지. 그럴 수 있겠지.

마치 스크린을 통해 영화를 보듯, 채는 그 모습을 지켜보고 있었다. 다가갈 수도 소리 내어 부를 수도 없었지만 채는 눈앞의 상황이 꿈이 아니라는 것을 알 수 있었다.

어느덧 딸꾹질이 멈췄다. 채는 자신이 무엇을 잃어버렸는지, 그동안 신호를 보낸 존재가 누구인지 바로 알아차릴 수 있었다. 바로 소중한 친구 알파였다.

　채도 자기가 무슨 말을 하는지 알 수 없었다. 알파가 다른 우주에서 지구의 진화 과정을 재현하고 있고, 인류의 조상에게 실어 보낸 메시지가 지금의 신호가 되어 이 화석에 남았다는 것까지는 알기 어려운 상황이었다. 그렇다고 가만히 기다리고 있을 수만은 없었다.

　그런데 어떻게 해야 알파를 다시 만날 수 있을까. 다른 차원에 외롭게 홀로 있는 알파에게 어떻게 다가갈 수 있을까. 채는 기쁨도 잠시 초조해졌다.

진화와 오해

1859년, 찰스 다윈은 《종의 기원》에서 원시적인 형태로 출발한 최초의 생명체가 '자연 선택'의 과정을 통해 다양하고 아름다운 생명체로 진화했다고 주장했어요. 다윈에 따르면 인간 역시 이러한 과정을 거쳐 진화한 평범한 생물종 중 하나였지요. 당시 기독교 중심인 서구 사회에서는 창조주가 직접 인간을 만들었다고 믿었어요. 그러니 '진화론'의 충격은 어마어마했지요. 많은 사람들은 다윈을 조롱하기도 하고, 진화를 잘못 이해하기도 했어요. 특정 인종이 더 우수하다는 '우생학'을 만들어 내기도 했지요.

현대에도 일부 사람들은 비슷한 방식으로 진화론을 오해하고 있어요. 생물은 어류에서 양서류, 파충류를 거쳐 포유류와 인간으로 진화하였고, 점차 완전하고 발전된 방향으로 나아가는 것이 진화라고 생각해요.

그러나 진화는 목적이나 방향이 정해져 있지 않고 일직선상으로 이루어지는 것도 아니에요. 생명은 우열 관계로 나눌 수 없어요. 저마다 처한 환경에 적응하며 살아남았고, 그렇지 않은 종은 도태되거나 사라진 것이니까요. 현대 진화학은 오해를 극복하며 발전하고 있어요. 유전학과 생물학의 발전은 진화를 더 세밀하고 세련되게 설명하고 있지요. 최근엔 인간과 동물의 심리를 진화적 측면에서 이해하려는 학문까지 등장했어요.

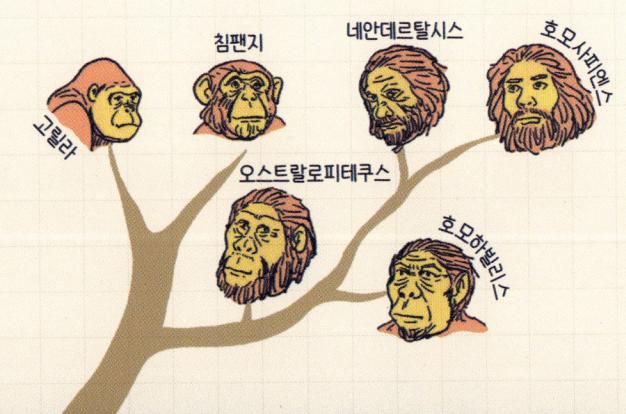

진화의 증거, 딸꾹질

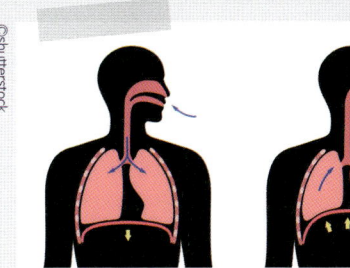

호흡 산소를 들이마시고 이산화탄소를 내보내며 생활에 필요한 에너지를 만드는 과정이다.

'딸꾹, 딸꾹' 갑자기 시작하여 몇 분이 넘도록 우리를 괴롭히는 딸꾹질. 이 딸꾹질은 왜 일어나는 것일까? 딸꾹질은 목, 목구멍, 횡격막 등 우리 호흡과 관련된 여러 기관의 근육들이 경련을 일으키면서 발생한다.

호흡을 통제하는 신경에 작은 이상이 생기면 갑자기 근육이 수축되어 숨을 들이마시게 된다. 이때 목구멍 뒤에 달린 '성문'이라는 작은 조직이 공기가 드나드는 길인 기도를 닫는다. 이렇게 짧은 시간 안에 숨을 들이마시고 성문이 닫힐 때 '딸꾹' 소리가 난다. 문제는 이 딸꾹질이 한 번에 그치는 경우가 거의 없다는 것이다. 어떤 사람이 무려 1922년부터 1990년까지 딸꾹질을 했다는 기록도 있다.

이처럼 원인도 불분명한 데다가 불편하기 까지 한 딸꾹질의 정체는 무엇일까? 고생물학자 닐 슈빈은 《내 안의 물고기》라는 책에서 딸꾹질은 우리 인간이 과거 물고기로부터 진화했다는 증거라고 이야기한다.

호흡에 관련된 일은 뇌의 부위 중 '뇌간'이라는 곳에서 관리한다. 원래 뇌간은 물고기 시절 호흡을 잘할 수 있도록 조정하는 역할을 했는데 진화 과정 중 대강의 수정만 거쳐 포유류에게도 적용되었다. 물고기는 호흡을 하는 아가미와 목구멍이 뇌간을 둘러싸고 있어 이상이 생길 일이 없지만, 포유류는 호흡과 관련된 가슴 근육이 뇌와 너무 멀리 떨어져 있다. 뇌에서 출발한 신경이 뒤틀린 경로를 따라 먼 거리를 여행하다 보니 엉뚱한 일이 생기기도 한다.

또한 딸꾹질 자체는 양서류에서 진화했다는 증거로 보기도 한다. 다 자란 올챙이는 폐와 아가미를 동시에 사용해 호흡을 한다. 물속에서 입과 목구멍, 아가미를 통해 들어온 물이 폐에 들어가면 안 되기 때문에 성문이라는 기관을 만들어 기도를 닫는다. 올챙이는 딸꾹질 덕분에 물속에서 숨을 쉴 수 있었던 것이다.

올챙이 다 자란 올챙이는 폐와 아가미를 동시에 사용해 호흡한다.

Break Time
인류의 진화

진화의 역사에 등장하는 인류는 원인(ape-man), 원인(proto-man), 구인(paleanthropic), 신인(neo-man)으로 구분할 수 있어. 각각의 인류들이 하는 소개 이야기를 잘 들어보면 딱 한 종이 틀린 정보를 말하는 걸 알 수 있을 거야. 누가 거짓말을 하는지 맞혀 볼까?

원인(猿人, ape-man)
오스트랄로피테쿠스
난 지금으로부터 300만 년 전에 등장했어. '남방의 원숭이'란 뜻이야. 남부 아프리카 사막 지대에서 채집과 사냥으로 살았어.

원인(原人, proto-man)
호모 에렉투스
내 이름은 '직립한 인간'이란 뜻이야. 주먹도끼나 돌칼 등 정교한 도구를 만들었어. 뇌의 크기가 갑자기 커졌는데 학자들은 우리가 먹이를 요리했을 것이라고 추측한대.

구인(舊人, paleanthropic)
네안데르탈시스
나는 20만 년 전에 살았던 세 번째 인류 중 하나야. 현대 인류와 겉모습이 닮았어. 매장 풍습도 있고 언어도 사용했으며 도시와 건축물을 만든 흔적도 있어.

신인(新人, neo-man)
호모 사피엔스
4만 년 전에 탄생한 지금의 인류야. '지혜로운 사람'이라는 뜻이지. 아프리카에서 시작해서 유럽과 아시아로 퍼져 나갔어.

5 지구 대멸종

인간을 기다리며

알파의 행성은 천천히 바뀌어갔다. 진화의 단계에서 어느 순간 전에 없던 생물종들이 생겨났고, 그들은 환경에 적응하며 자손을 번식시켰다. 다양한 곳에 유전자를 퍼뜨리며 번성했지만 환경이 바뀌면 이내 사라지곤 했다. 꽃이 피고 지는 것을 관찰하듯 알파는 생명체들의 생성과 몰락을 바라보았다. 하지만 이처럼 재미있는 상황을 함께 관찰하고 자연에 근사한 이름을 붙여 줄 인간이 없었다.

이 행성의 지상과 바닷속은 마치 평화를 이룬 것처럼 보였다. 그러나 행성 내부는 그렇지 못했다. 당시 세계는 판게아라는 하나의 거대한 대륙으로 이루어져 있었다. 대륙 아래에는 뜨거운 마그마가 가득 차 있었는데 분출구를 찾지 못한 물질의 온도는 오를 대로 올라 있었다. 언제 폭발해도 이상하지 않을 상황이었다. 그러던 어느 날, 한 화산이 폭발하더니 연쇄적으로 다른 화산들도 터져 나오기 시작했다. 용암이 쉴 새 없이 흘러내렸고, 숲은 불타올랐다.

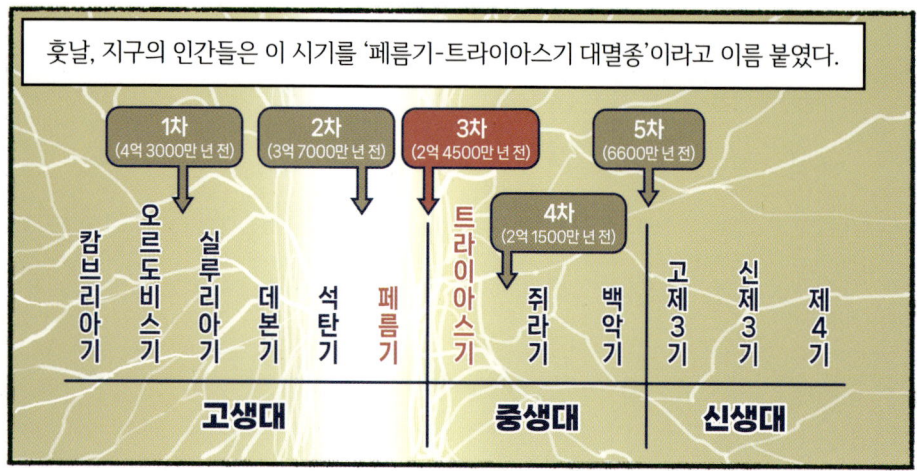

지구 역사상 끔찍한 다섯 차례의 대멸종이 있었는데, 가장 규모가 큰 멸종이 바로 3차에 해당하는 '페름기-트라이아스기 대멸종'이었던 것이다. 전체 생명체의 96%나 멸종했으니 지구 전체가 멸망한 셈이었다. 지구는 처음 생명이 태어나기 이전처럼 혹독한 환경이 되었다.

 천적들이 사라진 지금이 그들에겐 오히려 최적의 환경이었을지도 모른다. 그렇게 또 시간이 흘렀다. 작은 파충류들은 조금씩 땅과 바다를 차지하며 저마다의 모습으로 진화되었다.

거대한 판게아 대륙은 두 갈래로 나뉘었고, 그 사이에 바다가 들어섰다. 긴 해안선을 따라 고온 다습한 공기가 올라왔다. 덕분에 식물이 자라기에 최적의 환경이 만들어졌다.

초식 파충류들은 다양한 종류로 진화되었고, 몸집도 커졌다. 그들을 잡아먹는 육식 동물들도 번성했다.

 칠흑 같은 어둠 속에서 광합성을 하지 못한 식물과 미생물부터 죽어갔다. 이들로부터 영양분을 얻었던 초식 동물과 그들을 먹고살던 육식 동물이 차례로 죽음에 이르렀다.
 다섯 번째 대멸종인 '백악기-팔레오기 대멸종'이었다.

꿈속에서 알파는 찍찍거리는 소리를 들었다. 아마 작은 포유류였을 것이다.

'그래, 여기서도 누군가는 살아남는구나.'

공룡이 세상을 지배하던 중생대에도 몸집이 작은 포유류는 존재했다. 그들은 공룡을 피해 땅속에 굴을 파고 숨어 살았다. 썩은 고기나 이끼를 먹으면서 목숨을 연명하던 존재였다.

 잠에서 깬 알파는 겨울을 버텨 내고 끈질기게 생명을 이어 간 이끼류를 맨발로 밟아 보았다. 그의 머리는 덥수룩하게 자랐고, 표정에는 생기라고는 찾아볼 수가 없었다. 아이러니하게도 토양은 그 어느 때보다 비옥했다.

 지금껏 숨어 지내던 작은 동물들이 새로운 주인이 될 날을 기다리고 있었던 걸까?

알파는 순간 자신의 귀를 의심했다. 작은 쥐는 장난스럽게 씨익 웃어 보였다.

"마스터? 진짜 마스터야?"

"으이그, 평행 우주를 만드는 데 내가 빠질 수 없잖아? 이 사고뭉치 신아!"

알파는 다리에 힘이 풀려서 털썩 주저앉았다.

구름이 걷히자 환한 햇살이 내리쬐었다. 긴 겨울을 인내한 씨앗들이 태양의 에너지를 받자마자 서둘러 싹을 틔웠다. 알파의 지구에 새로운 시대가 펼쳐지고 있었다.

 채는 다시 알파를 만나야겠다는 생각에 같은 행동을 수도 없이 반복했다. 그러나 가상 세계는 좀처럼 펼쳐지지 않았다.

"방법을 찾아야 해. 뭐가 문제지?"

채는 불안해서 서성거리며 원인을 찾으려고 애썼다.

"딸꾹질을 해야 하나? 어떻게 하지? 내 의지대로 되는 것도 아니잖아."

그 모습을 보던 리사 박사는 한숨을 푹 내쉬었다.

알파의 울부짖음에 화답이라도 하듯 건조한 초목들이 '솨아' 소리를 내며 한꺼번에 누웠다. 소떼와 얼룩말의 발굽 소리가 저 멀리서 들렸다.

알파는 바오밥나무 꼭대기에서 몸을 고쳐 앉았다. 제대로 화가 난 듯 퉁퉁 부은 얼굴이었다.

대멸종 이후 세계는 포유류가 차지했다. 소와 말과 코끼리, 코뿔소 같은 동물이 등장했고, 포유류 중 일부는 바다로 돌아가 고래가 되었다. 그러나 몇 천만 년을 기다려도 알파가 그리워하던 인류는 없었다. 아니, 비슷한 생물조차 보이지 않았다.

"왜 우주는 다른 모습이 아니라 하필이면 지금의 모습을 하고 있는 걸까? 너 이런 고민 해 본 적 있어?"

마스터는 긴 꼬리를 빙빙 돌리며 물었다. 알파는 그 꼬리를 딱 붙잡더니 신경질을 냈다.

"야! 빙빙 돌리지 말고 뭐가 잘못된 건지 말해."

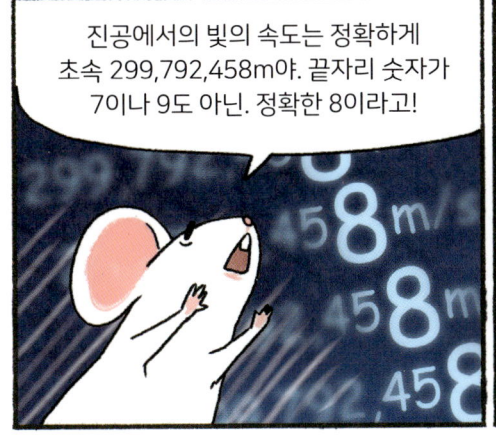
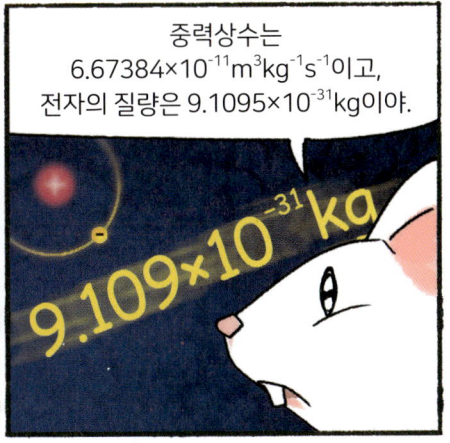

"맞아 알파. 지구에서 발전한 현대 물리학도 이 문제에 대답할 수 없어. 그냥 원래 이랬다고 얼버무릴 수밖에. 그런데 이 모든 것이 정말 다 우연일까?"

"우연이……, 아니라면?"

"만약 이 수치에서 아주 작은 차이만 있었어도 우주는 지금과 전혀 다른 모습이었을 거야."

"왜……, 그런 거지?"

"알 수 없지. 만약 우주가 다양하다면 저마다 물리량이 다른 무한한 우주가 각자의 시간에 맞춰 생겨나거나 사라졌을지도 몰라. 그래서 내가 묻고 싶은 거야. 너의 우주는 어떤지."

마스터는 비밀이라도 말하듯 알파에게 다가와 속삭였다.

"지금까지는 원래 우주와 비슷한 물질과 생명들이 탄생했지만 조금이라도 오차가 있었다면……."

    캐나다의 이누이트족 마을, 원주민들이 내어 준 작은 오두막 집에 채는 누워 있었다. 리사와 피노는 식탁에 앉아 신호를 받지 않은 상태에서도 차원의 문을 열 수 있는 방법이 있는지 연구 중이었다. 전날 연거푸 마신 커피 탓일까. 채는 조금도 졸리지 않았다. 깨끗이 잊은 줄 알았는데 생각하면 할수록 알파에 대한 기억이 생생히 떠올랐다. 프랑스에서, 인도에서, 뉴욕 건물 꼭대기에서 마주친 모습들도 떠올랐다.

채는 가상 체험 중에 언뜻 만난 알파를 생각했다. 걷는 물고기를 보며 크게 웃었지만 이제껏 보지 못한 쓸쓸한 모습이었다. 그런데 과연 알파를 그곳에서 구할 수 있을까?

그때였다. 흥분한 피노의 목소리가 들렸다.

"해결했어요!"

다섯 번의 대멸종

○ 고생대의 대멸종

대멸종은 길지 않은 시간에 현저하게 많은 생물종이 거의 동시에 멸종한 현상을 말해요. 지구 역사상 큰 규모의 대멸종 사건은 총 다섯 차례가 있었어요.

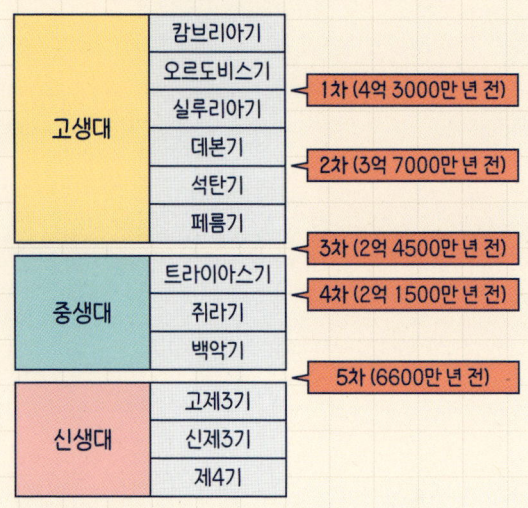

오르도비스기에 지구의 기후가 추워지면서 첫 번째 대멸종을 맞이합니다. 이때 지구 생명체의 85%가 사라졌어요. 데본기와 석탄기 사이에는 운석과 충돌하며 지구의 환경이 급변했고, 70% 정도의 생명이 사라졌지요.

가장 큰 규모의 멸종으로 알려진 '페름기-트라이아스기 대멸종' 때엔 전체 생명체의 96%가 멸종했어요. 화산 활동, 해수면 상승 등이 원인으로 손꼽히고 있어요.

○ 중생대의 대멸종

3차 대멸종 이후 산소 농도가 낮아지자 공룡이 등장했어요. 중생대는 페름기 이후의 시대를 말하며 2억 4500만 년 전부터 6600만 년 전까지의 시기예요. 소수의 파충류로부터 진화한 공룡이 이 시기를 장악했지요. 그런데 6600만 년 전 중생대 마지막 시기에 지구에 운석이 떨어졌어요. 운석 충돌로 인해 열 폭풍과 쓰나미, 지진과 화산 폭발이 잇따라 일어났어요. 화산재가 대기에 가득 차며 태양을 가리자, 광합성을 해야 하는 식물부터 죽기 시작했어요. 결국 초식 공룡과 육식 공룡까지 차례로 멸종에 이르렀지요.

○ 여섯 번째 대멸종

많은 과학자들은 우리가 여섯 번째 대멸종을 경험하고 있다고 말해요. 운석 충돌이나 화산 폭발 때문이 아니에요. 바로 인간이 여섯 번째 대멸종을 주도하고 있어요. 인간이 저지르는 많은 활동으로 인해 육지와 해양의 많은 생명체들이 죽음을 맞이하고 있기 때문이지요.

마스터의 보고서

여섯 번째 대멸종

최근 10년 사이에 세계 곳곳에서 폭염, 한파, 산불, 가뭄, 홍수, 태풍 등 다양한 자연재해가 급증했다. 전염병 역시 5년에 한 번 꼴로 발생하는데 그 피해 규모도 커지고 빈도도 잦아지는 상황이다. 이러한 재해의 원인은 인간이 만들어 낸 기후 변화라는 것이 전문가들의 공통된 의견이다. 산업혁명 후 고작 200년이 지난 지금, 인간은 지구 환경에 엄청난 영향을 끼치게 되었다. 인구는 가파르게 상승해 현재 전 세계에는 80억 명의 사람이 살고 있다. 지구상의 동물 중 97%가 인간의 먹이나 가축, 반려동물용으로 개량되었고, 야생동물은 고작 3%에 지나지 않는다. 그마저도 환경이 오염되며 많은 동물들이 빠르게 멸종하고 있다. 하루에도 100종 정도의 생명체가 멸종되고 있는데, 새로운 생물종이 사라진 생물의 자리를 채우기도 전에 연쇄적인 멸종이 일어나는 상황이다.

플라스틱 쓰레기는 해양 생태계를 빠르게 파괴하고 있다. 플라스틱은 내구성도 좋고 만들기도 편하며 값도 싼 덕에 한때는 꿈의 소재라 불렸다. 그러나 그 장점 때문에 많은 양이 만들어지고 쉽게 버려지며 썩지 않는 문제 또한 생겨났다. 플라스틱의 일부만 재활용이 되고 나머지는 매립되거나 태워지는데, 제대로 처리되지 않은 플라스틱의 상당수가 바다로 떠내려간다. 플라스틱 쓰레기는 파도와 바람에 잘게 부서지며 바다 위를 떠돈다. 해양 생물은 미세 플라스틱을 먹이로 착각하여 먹고, 더 큰 물고기가 그 생물을 먹게 되며 결국 먹이사슬을 통해 인간의 몸에도 영향을 미친다.

지구온난화도 대멸종의 원인이다. 에너지를 사용하면 이산화탄소가 발생하는데, 이는 온실효과를 일으켜 지구 온도를 상승시킨다. 가뭄, 홍수 등의 기후 재난이 뒤따라오고, 빙하와 만년설이 녹으면서 해수면이 상승한다. 지구의 온도가 6℃ 상승하는 시점에 대멸종이 완성될 것으로 보인다.

산불 세계 곳곳의 대형 산불은 지구온난화의 결과물이자 원인으로 지목받고 있다.

플라스틱 쓰레기 플라스틱의 역사는 약 150년 정도지만 분해하는 데는 최소 500년이 걸린다.

Break Time
가로세로 낱말풀이

우주의 탄생과 지구의 초기까지, 과학 여행을 마친 친구들 수고했어. 이제 가로세로 낱말풀이를 통해 과학의 핵심 어휘를 확인해 보자.

가로
① 《종의 기원》으로 생물진화론의 문을 연 영국의 박물학자이자 진화론자.
② 우주의 모든 공간에 균일하게 퍼진 전파로, 빅뱅의 증거다.
③ 2억 5000만 년 전, 지구의 모든 대륙이 하나로 합쳐져 있었던 초대륙.
④ 수백에서 수천 개의 은하들이 서로 모여 있는 집단
⑤ 생물의 진화 과정에서 이전에 없던 새로운 형질이 나타나며 유전되는 형상
⑥ 지질 시대에 생존한 생물의 신체 부위가 퇴적되어 남아 있는 것
⑦ 지구 역사 동안 현저하게 많은 생물이 멸종한 사건. 다섯 개의 사건이 많이 알려져 있다.

세로
㉠ 우리가 사는 우주 외에 다른 우주가 존재한다는 이론
㉡ '슬기로운 사람'이라는 뜻으로 현존하는 인류
㉢ 고생대 페름기와 중생대 쥐라기 사이에 있는 시대로 공룡의 시대였다.
㉣ 지질 시대 중 화석이 많이 발견되지 않은 시대로 선캄브리아 시대에 해당한다.
㉤ 약 45억 년 전, 지구와 충돌한 것으로 알려진 원시 행성. 충돌 후 달이 되었다.
㉥ 생물종이 여러 세대를 거치면서 형태를 변화시켜 유전시키는 현상
㉦ 고생대 다섯 번째 기로 페름기의 이전이다. 이 시기 생물들이 석탄층을 많이 형성시켰다고 하여 붙은 이름이다.

에필로그

우리는 언젠가 만난다

"뭐, 뭐라고?"

누워 있던 채는 자리에서 벌떡 일어나다가 우당탕 바닥에 떨어지고 말았어. 하지만 아프거나 창피하지도 않았지. 채는 맑은 눈으로 그를 바라보는 작은 로봇에게 달려갔어. 피노에게서 번지는 은은한 주황색 온기. 채는 분명히 기억하고 있었어.

그런데 어디로 가는 걸까? 지금 이들과 함께 떠나면 다시 돌아올 수는 있을까? 알파를 만난다는 보장이 있는 걸까? 만약 알파를 만나지도 못하고, 돌아올 수도 없다면 어쩌지? 영원히 오도 가도 못한 채 차원의 통로 속에 갇힐 수도 있었어.

  "지금 당신들과 함께 떠나면, 알파를 만날 수 있나요?"

  리사도, 피노도, 선뜻 대답하지 못했어.

  "그건 모르겠어. 이 차원의 통로 너머에 무엇이 있는지는 우리도 밝혀내지 못했거든."

  "지금으로선 아무것도 확신할 수 없어요. 그냥……, 막연하게 신호가 잡힌다는 것밖에는 해 줄 수 있는 말이 없어요."

  채는 '흐음.'하고 신음소리를 냈어. 무모하기 짝이 없는 박사와 로봇은 채의 선택을 기다려 줄 생각은 없는 것 같았지.

채는 얼마 전 스치듯 만난 알파를 떠올렸어. 그것은 환영이나 환시가 아니었어. 분명히 존재하는 알파였지.

그는 채를 향해 분명히 신호를 보냈고, 그 신호가 차원의 통로를 건너 채에게 와 닿았을 거야.

당신. 정 맘이 안 내키면 가지 않아도 좋아.

원한다면 당신이 살던 도시로 돌아갈 수 있는 방법을 알아볼게.

아뇨, 갈래요. 만날 것 같다는 확신이 들었거든요.

채는 무엇도 장담할 수 없었지만 가 보기로 했어. 조금 시간이 걸리고, 힘이 들더라도, 언젠가, 어디에선가 알파를 만날 거라는 확신이 있었거든.

그렇게 채는 문을 열었고, 셋은 따뜻한 빛 속으로 걸어 들어갔어.

여러분 안녕하세요, 채사장이에요.

지금까지 우리는 알파와 채의 이야기를 통해 우주의 탄생과 지구 생명체의 진화에 대해 알아보았어요. 아주 방대한 시간과 공간에 대한 지식이었지요. 최종 정리를 통해 핵심 정보를 파악하고 내 생각과 연결해 볼까요?

우주는 상상하기 어려울 정도로 크고 넓어요. 그런데 과학자들은 우리 우주가 독립적인 하나의 유니버스(Universe) 가 아니라, 다양한 가능성의 여러 우주인 멀티버스(Multiverse)로 존재한다고 말해요.

우리 우주의 시작은 언제일까요? 138억 년 전, 좁쌀보다 작은 우주가 대폭발을 일으켰고 팽창이 시작되었어요. 우주는 지금도 팽창하고 있는 중이에요. 빅뱅 이론은 에드윈 허블에 의해 시작되었고, 우주배경복사를 통해 증명되었지요.

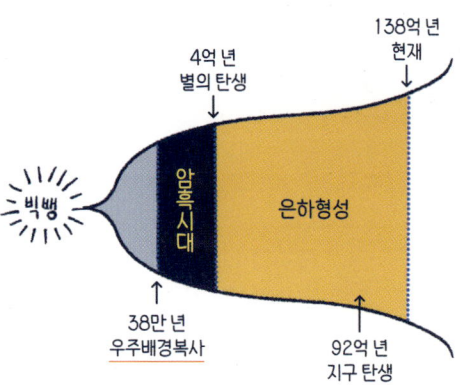

우주가 탄생하고 90억 년이 지나자 태양계가 만들어졌어요. 지금으로부터 46억 년 전에는 지구가 탄생했지요. 지구가 안정된 이후의 역사를 지질 시대라고 해요.

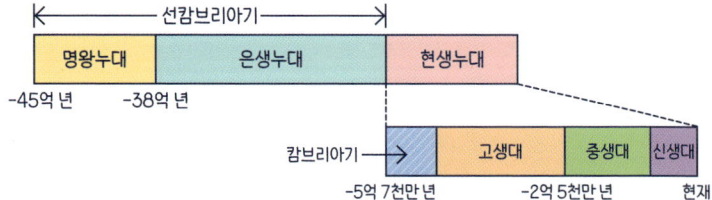

어느 날, 지구에서 처음 생긴 최초의 생명체는 자연 선택 과정을 거쳐 지금처럼 다양하고 아름다운 생명체들로 진화했어요. 진화는 목적이나 방향이 정해져 있지 않고, 일직선상으로 이루어지는 것도 아니며 우열 관계로 나눌 수 없답니다.

생각하고 토론하기

인간은 과학 기술을 발전시키고 이 세계를 이루는 많은 것들을 밝혀냈지만, 사실 우리가 아는 것은 극히 일부분이며 여전히 상당 부분 베일에 싸여 있어요. 여러분은 우주의 공간과 시간을 상상할 수 있나요? 질문에 묻고 답하며 서로의 지식과 상상을 나눠 보세요.

① 우리는 '입체'의 세계인 3차원의 공간과 '선'의 세계인 1차원의 시간을 살아가는 4차원의 존재예요. 만약 우리보다 더 높은 차원의 존재가 있다면 어떤 모습일까요? 우리 인간은 추가 차원을 경험할 수 있을까요?

> 4차원의 공간에서는 앞과 뒤가 동시에 인식되겠지?

> 시간이 직선이 아니라 2차원의 면이라면 과거, 현재, 미래의 순서도 없을 거야.

② 인류가 등장하기 전까지 지구는 다섯 번의 대멸종을 겪었어요. 존재하는 생물의 대부분이 짧은 시간 안에 사라졌고, 대멸종이 있을 때마다 지구의 주인은 바뀌었어요. 여섯 번째 대멸종은 언제, 어떤 모습으로 찾아올까요?

> 여섯 번째 대멸종의 가장 큰 피해자는 우리 인간이 될 거야.

> 우리도 모르는 사이에 여섯 번째 대멸종이 시작됐을 수도 있어.

③ 지금으로부터 38억 년 전, 자신의 정보를 다음 세대에 전달하는 최초의 생명체가 생겨났어요. 루카라고 불리는 이 생명체는 모든 생물의 공통 조상이 되었지요. 원시 지구의 환경에서 어떻게 생명체가 탄생할 수 있었을까요?

> 뜨겁고 높은 압력에 전기까지 통하면서 단백질을 이루는 물질이 생겼대.

> 하지만 그 물질을 과연 생명이라고 할 수 있을까?

서로 다른 차원으로 헤어진 알파와 채는 과연 다시 만날 수 있을까요? 10권에서는 채 일행의 여행과 함께 고대부터 근대에 이르기까지 위대한 과학자들을 만나는 시간을 가져 보아요.

정답

48p
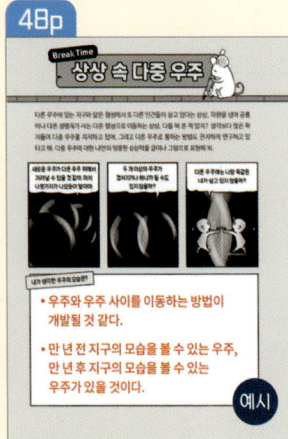

80p
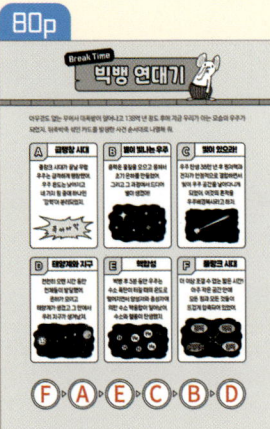

F A E C B D

104p
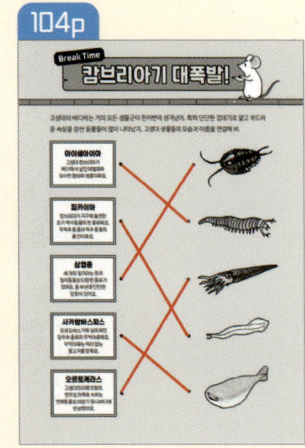

130p
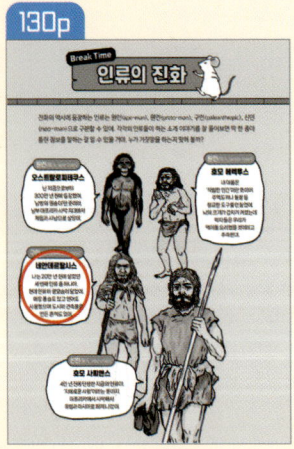

156p
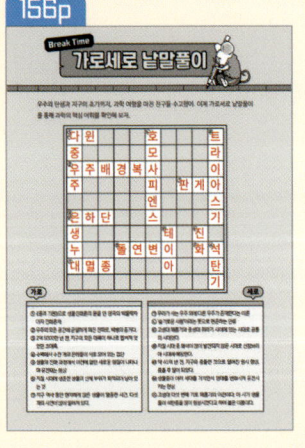

10권에서는 고대~근대 과학의 발자취를 따라가 보도록 해요.

ie françoise de Lucques et ma
~~lait~~ partie elle avait des ~~rem~~
phrase maladroite bien ~~un qui~~ ni ~~inute~~
qui ~~pouvait~~ ~~lui~~ ~~dire~~ son état. Assise près ~~du~~
chauffait ~~Inspirations~~ les pieds et les mains, ~~c~~
~~t aupr~~
~~rait tout coi~~ si l'on ne ~~pourrait~~
~~te langueur de Françoise elle~~ se
~~ait~~ sans cesse la question qui la tortur
~~ir~~ Françoise de cette maladie de
~~elle se disait~~ ~~répondait~~ oui ou non
~~te la plus inviolable~~ ~~la plus souple~~ ~~un~~
~~lle et morale~~ ~~et aussi les plus douces~~
~~Il viendrait~~ on n'avait pas encore apporté les la
~~qu'on lui~~ Elle était d'
Mais maintenant comme de nouveau elle
~~ins~~ et le feu éclairait ~~blair~~
~~ne~~ ~~les mains douces délica~~
~~portées par un et belles comme~~
~~ellement portées par la tige du~~

son urne ~~d'un voir~~ de ducque
qu'elle était partie elle avait
e cette phrase maladroite bien ~~in~~
~~Jay~~
ir la malade sur son état. Assi
~~in~~ elle se chauffait ~~soupçon~~ les pieds et les ~~h~~
faisait ~~aussi~~
~~demandait tristement si l'on ne~~
~~vrir cette langueur de Françoise~~
~~se posait sans cesse la question qui~~
~~il on guérir Françoise de cette ma~~
~~selon qu'elle le dirait répondait on~~
~~était toute la plus invariable la plus~~
~~intellectuelle et morale~~ ~~si aucune ~~ ~~on n'avait pas encore a~~
~~uble sec. Ier ~~ qu'on ~~toy~~ elle
                                   comme
~~curité~~. Mais maintenant de nous
it ses mains et le feu éclairau
~~lieu à me.~~ ~~les mains douces~~
~~blement portées par un et telles~~
~~leurs noblement portées par la l~~